역사와 친해지는 세계 문화 답사

나일 강의 선물 이집트

역사와 친해지는 세계 문화 답사
나일 강의 선물 이집트

초판 제1쇄 발행일 2010년 12월 20일
개정판 제1쇄 발행일 2014년 12월 5일 개정판 제2쇄 발행일 2017년 9월 10일
글·사진 조성자 그림 황정하 발행인 이원주
발행처 (주)시공사 주소 서울시 서초구 사임당로 82
전화 영업 2046-2800 편집 2046-2821~9 인터넷 홈페이지 www.sigongjunior.com

글·사진 ⓒ 조성자, 2010 | 그림 ⓒ 황정하, 2010

이 책의 출판권은 (주)시공사에 있습니다.
저작권법에 의해 보호를 받는 저작물이므로, 무단 전재와 무단 복제를 금합니다.

ISBN 978-89-527-8083-6 74930
ISBN 978-89-527-5870-5 (세트)

시공주니어 홈페이지 회원으로 가입하시면 다양한 혜택이 주어집니다.
잘못 만들어진 책은 구입하신 서점에서 바꾸어 드립니다.

일러두기
• 정확한 사실을 전달하고자 본문 내용은 협성대학교 김성 교수의 고증을 거쳤습니다.
• 표기법은 두산백과사전을 기준으로 하였습니다.

KC마크는 이 제품이 공통안전기준에 적합하였음을 의미합니다.
제조국 : 대한민국   사용 연령 : 8세 이상
주의 사항 : 책장에 손이 베이지 않게, 모서리에 다치지 않게 주의하세요.

 역사와 친해지는 세계 문화 답사

나일 강의 선물
이집트

조성자 글·사진
황정하 그림

시공주니어

차례

역사를 사랑하는 친구들, 안녕! • 8
여행하기 전에 챙겨야 할 것들 • 12

고대 이집트의 역사를 한눈에 볼 수 있는 연대표 • 16
이집트의 역사는 나일 강에서 태어났단다 • 18
이집트 10명의 신을 만나 보자 • 20

초기 왕조 : 제1왕조
나르메르는 '미친 듯이 날뛰는 메기'라는 뜻이야! • 28

고왕국 : 제3왕조에서 제6왕조까지
최초의 피라미드를 만나러 가자 • 38
앗, 메이둠의 피라미드가 무너지고 있네! • 47
쿠푸의 피라미드는 세계에서 가장 큰 무덤이란다! • 54
카프레와 멘카우레 왕의 피라미드를 만나자 • 66
스핑크스는 무엇일까? • 72

중왕국-제2중간기 : 제11왕조 후반에서 제17왕조까지
힉소스 인이 이집트에 말과 전차를 전해 주었대 • 80

신왕국 : 제18왕조
멋진 왕이 많았던 신왕국 시대 • 86
하트셉수트 여왕의 장례 신전은 정말 웅장해! • 92

왕들의 계곡엔 나무 한 그루도 없네! • 96
이집트의 나폴레옹 투트모세 3세를 만나자! • 104
소리 내며 울었던 아멘호테프 3세 석상 • 106
아크나톤 왕은 왕비와 함께 산책도 했지 • 111
투탕카멘은 9살에 왕이 되었지 • 115

신왕국 : 제19왕조

이집트 최고의 왕 람세스 2세를 만나자! • 122
카르나크 신전은 밤에 더욱 아름답지! • 126
룩소르 신전은 아몬 신의 여름 별장이었대 • 136
아스완은 펠루카가 떠다니는 아름다운 곳이야 • 145
이집트의 끝, 아부심벨 신전 • 150

그 이후의 시대

호루스 신을 위한 에드푸 신전을 향해 떠나자 • 162
이집트의 해방자, 알렉산드로스 대왕을 만나자 • 167
클레오파트라 여왕을 보니 가슴이 설레네! • 176
콥트교의 시대가 왔단다! • 180

여행을 마치며 • 183
알아 두면 도움이 되는 것들! • 186
이집트 박물관, 어떻게 보면 효과적일까? • 192

찾아보기 • 195

이집트 지도

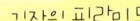
기자의 피라미드

태양의 배

이집트

메이둠의 무너진 피라미드

리비아

카르나크 신전

룩소르 신전

역사를 사랑하는 친구들, 안녕!

지난겨울 나는 세계 4대 문명의 발생지 가운데 하나인 이집트로 역사 여행을 떠났어. 5년 전에 이집트를 다녀왔는데, 그때 어마어마한 건축물을 보고 한동안 문화적 충격에 휩싸였었지. 내가 이제까지 봤던 역사 유적지 중에서 이집트와 견줄 만한 곳을 찾아볼 수 없었거든. 물

피라미드 앞에서

론 내가 전 세계의 건축물을 다 본 것은 아니지만, 5천 년 전에 '고대 세계 7대 불가사의'에 속하는 피라미드를 비롯해 어마어마한 건축물들을 세운 걸 보며, 고대 이집트 사람들이 정말 뛰어난 지혜를 가졌다는 것을 인정할 수밖에 없었지.

또 여러 나라들을 여행하면서 이집트 문명이 세계 곳곳에 발자취를 남긴 것을 확인할 수 있었어. 그리스의 크레타, 미케네뿐 아니라 프랑스,

　영국, 스페인, 터키……. 자연히 내 가슴속에는 늘 이집트가 자리했지. 그러다 드디어 다시 이집트를 찾은 거란다.

　늘 그렇듯이 여행이란, 설레기도 하지만 어떤 일이 일어날지 몰라서 긴장하기 마련이지. 떠나기 이틀 전 나는 갑자기 장염 증세로 끙끙 앓다 병원에 가야 했단다. 여행을 포기해야 하나 싶을 정도로 아팠지만 천만다행으로 비행기에 오르게 되었지. 나는 제대로 먹지 못해 기운 빠진 몸을 비행기에 맡기며 스스로를 달랬어. '조성자, 대가를 치르지 않고 얻어지는 것은 없다. 더구나 5천 년 역사의 이집트를 책에 담는 일이 쉬울 수는 없겠지.' 하고 말이야.

　나는 이 책을 쓰기 위해 이집트와 관련된 책을 수없이 찾아 읽었고(어떤 책은 줄까지 쳐 가며 다섯 번 이상 읽었단다!) 몇 달 동안 아침잠을 마다하고 토요일마다 이집트 강의를 듣곤 했지. 이집트에서도 힘이 들었단다. 갑자기 내리는 비 때문에 아부심벨에 못 갈 뻔하기도 하고, 왕들의 좁고 낮은 무덤 속을 기어 다녀오느라 무릎이 아프기도 했지. 그렇게 해서 태어난 것이 바로 이 책이란다.

마스타바의 입구 앞에서

내가 이렇게 고생하고 쓴 책이니 너희도 고생하면서 읽으라고 말한 것은 아니야. 이 책이 너희들에게 값진 책이 되기를 바라는 마음에서 한 말이란다. 너희들이 마땅히 읽을 만한 이집트 역사책이 없었는데, 이 책을 통해 너희가 이집트를 알게 되고 그러다 사랑하게 되고, 마침내 꼭 이집트를 여행할 수 있기를 바라는 마음 또한 보탰단다. 물론 이집트를 방문하지 못하는 친구들은 이 책만으로도 이집트를 마음에 품을 수 있도록 최대한 노력했지.

  이 책은 기원전 3천 년경에 시작한 고대 이집트의 초기 왕조 시대부터 로마의 지배를 받았던 시기까지 고대 이집트의 역사를 엮어 놓았단다. 역사책이라고 하니까 어렵지 않을까 걱정하는 친구들이 있을 텐데, 이 책에선 스핑크스나 피라미드, 카르나크 신전처럼 유명한 유적지들을 살펴보면서 역사 얘기를 할 거란다. 게다가 람세스 2세, 투탕카멘, 클레오파트라와 같이 너희들이 잘 알고 있는 왕들의 이야기도 있으니까 벌써부터 겁먹지 않아도 돼. 그리고 이집트에서 만난 여러 친구들이 재미있게 설명해 줄 거야. 특히 이집트 사람들이 신성하게 여기는 쇠똥구리 '스카라베'와 멤피스에서 만난 파리가 나를 따라다니며 이야기해 줄 거란다.

  고대 이집트 속으로 들어가기 전에, 먼저 나일 강에 대해 알아야 해.

이집트 문명이 시작된 곳이 바로 나일 강가이니까 말이야. 그리고 그리스의 신들 못지않게 중요한 이집트의 신에 대해서도 알아 둬야 하지. 그래서 앞쪽에 그런 이야기들을 적었단다. 그런 다음 이집트의 역사를 읽으면 훨씬 쉽게 이해가 될 거야.

뒤쪽에는 본문에서 간단히 얘기했던 단어들에 대한 설명을 덧붙였어. 이집트의 상형 문자인 '히에로글리프'와 미라를 만드는 방법 등이 더 자세히 설명되어 있단다. 카이로에 있는 이집트 박물관에 대해서도 정리했지. 이집트의 역사를 사랑하는 사람이라면 놓쳐서는 안 되는 곳이거든.

자, 지금부터 고대 이집트로 여행을 떠나자. 나를 따라 이집트의 파라오를 만나고, 또 그들이 만든 건축물들을 만나러 가자. 파라오를 만나는 데 거만한 자세는 안 되겠지? 최대한 예의를 갖추도록 하자.

여행하기 전에 챙겨야 할 것들

모자
신발

　이집트를 여행하기 전에 준비할 것을 알아볼까? 우선 이집트는 여름보다는 겨울에 가는 것이 좋단다. 여름엔 기온이 섭씨 50도까지 올라가거든. 그러니 견뎌 내기가 힘들겠지? 12월에서 2월까지가 이집트를 여행하기 가장 좋은 계절인 것 같아. 또 2월 이후엔 모래바람이 불기 시작하니 피하는 것이 좋겠지.

　짐을 쌀 때는 편한 운동화 챙기는 것을 잊지 말자. 왕이나 여왕의 무덤에 들어가다 보면 미끄러운 곳이 있어서 자칫 다칠 수 있기 때문이야. 선글라스와 모자는 꼭 필요하지. 선크림 역시 꼭 챙겨야 해. 한낮의 태양이 어찌나 사납게 내리쬐는지 얼굴을 데일 수도 있거든. 긴 스카프를 준비하는 것도 좋아. 남자 친구들 역시 여자들처럼 머리를 감싸 준다면 성난 태양과 모래바람을 살짝 피할 수 있을 거야. 물티슈를 준비하면 모래바람에 더럽혀진 손과 얼굴을 닦을 수 있지.

　이집트에는 신선한 채소와 과일이 풍부하기 때문에 먹을거리는 크게 걱정하지 않아도 된단다. 김치 없이 못 사는 친구도 신선한 채소가 김치를 대신해 줄 거야. 단, 이슬람교 신자들이 많아서 돼지고기로 만든 베이컨을 먹을 수는 없단다. 내가 묵었던 호텔에서는 아침 식사에서 베이컨을 찾을 수가 없더구나.

일교차가 심하기 때문에 감기약을 꼭 챙겨 가야 해. 또 아침저녁으로는 두꺼운 옷이 필요하단다. 나는 아침에 호텔을 나설 때 세 겹의 옷을 입었어. 두꺼운 점퍼 속에 따뜻한 스웨터, 그 안에 얇은 긴팔 셔츠를 입었지. 한낮엔 긴팔 셔츠 하나로 충분하지만 아침저녁엔 기온이 뚝 떨어지거든.

그리고 가장 중요한 것은 필기도구야. 수첩에 유적지 설명과 함께 감상을 기록해 놓고, 자기 전에 다시 한 번 정리하면 유적지와 설명이 잘 연결될 거야. 여행이 끝나고 한참 후에 수첩을 펴 보면, 어디가 어디인지 생각이 안 날 수도 있거든.

필기도구를 챙길 때 우리나라에서 만든 볼펜을 10자루 이상 넉넉히 가져가면 좋은 일을 할 수 있단다. '올드 카이로'라 불리는 곳에서 만난 군인과 경찰이 한국의 볼펜이 좋다는 말을 많이 하곤 했어. 뜬금없이 무슨 소리일까 했는데 아차, 하는 생각이 들었지. 이집트 사람들에게 우리나라 볼펜은 최고의 선물이란다. 친절을 베푼 분들에게 볼펜을 선물하면 정말 좋은데, 내가 너무 서두르다 그걸 깜빡한 거야.

가장 중요한 건 바로 이 책을 준비해 가는 거야. 건축물을 본 후에 이 책을 읽고 내용과 연결해 보는 것이지. 물론 여행 떠나기 전에 미리 읽으면 더 좋겠지만(준비 없이 떠난 사람들이 이집트에서 돌덩이만 보다 왔다고 하는 말을 들은 적이 있기 때문이란다)!

자, 이제 나일 강을 끼고 있는, 4대 문명의 발상지 중 하나인 이집트를 향해 떠나자!

이집트 여행의 흔적들

알렉산드리아 도서관 입장권

이집트 박물관 입장권

아부심벨 입장권

투탕카멘 무덤 입장권

카르나크 신전 입장권

카르나크 신전 '소리와 빛의 쇼' 입장권

카이로에서 아스완으로
가는 비행기표

고대 이집트의 역사를 한눈에 볼 수 있는 연대표

3000~2649년경   **초기 왕조 시대**
3000~2770   제1왕조   나르메르
2770~2649   제2왕조   헤텝세켐위, 니네체르 등

2649~2134년경   **고왕국**
2649~2575   제3왕조   조세르(2630~2611) 등
2575~2465   제4왕조   스네프루(2575~2551), 쿠푸(2551~2528),
                            카프레(2520~2494), 멘카우레(2490~2472) 등
2465~2323   제5왕조
2323~2150   제6왕조   페피 2세(2246~2152) 등
2150~2134   제7~8왕조

2134~2040년경   **제1중간기**
2134~2040   제9~11왕조 전반

2040~1650년경   **중왕국**
2040~1991   제11왕조 후반   멘투호테프(2061~2010)
1991~1783   제12왕조   세소스트리스 1세(1971~1926)
1783~1650   제13~14왕조

1650~1550년경   **제2중간기**
1650~1550   제15, 16왕조(힉소스 강점기)-하 이집트
                          제17왕조   세케넨라 2세(1650~1550) 등-상 이집트

1550~1070년경   **신왕국**
1550~1307   제18왕조 투트모세 1세(1504~1492),
                          투트모세 2세(1492~1479)

1307~1196	투트모세 3세(1479~1425), 하트셉수트(1473~1458), 아멘호테프 2세(1427~1401), 투트모세 4세(1401~1391), 아멘호테프 3세(1391~1353), 아크나톤(1353~1335), 투탕카멘(1333~1323), 아이(1323~1319) 등 제19왕조 람세스 1세(1307~1306), 세티 1세(1306~1290) 람세스 2세(1290~1224), 메르네프타(1224~1214) 등
1196~1070	제20왕조 람세스 3세(1194~1163)

1070~712년경 — 제3중간기
1070~945 — 제21왕조
945~712 — 제22~24왕조

712~332년경 — 후기 왕조 시대
712~657 — 제25왕조
664~525 — 제26왕조
525~404 — 제27왕조(페르시아 시대)
404~399 — 제28왕조
399~380 — 제29왕조
380~343 — 제30왕조 넥타네보 2세(360~343) 등
343~332 — 제31왕조(페르시아 시대)

332~305년경 — 마케도니아 왕조 알렉산드로스 대왕(332~323) 등

305~30년경 — 프톨레마이오스 시대 프톨레마이오스 1세(305~285), 프톨레마이오스 13세(51~47), 클레오파트라 7세(51~30) 등

로마 제국 시대
이슬람 시대
영국 식민지 시대

서기 1922년 — 독립

• 본문에 등장하는 왕과 왕조 위주로 축약한 것입니다. 모든 연대는 기원전(B.C.)입니다.

이집트와 나일 강

이집트의 역사는
나일 강에서
태어났단다

애들아, 그리스의 역사가 헤로도토스는 이렇게 말했어.

"이집트는 나일 강의 선물이다."

또한 이집트 신화 중 하나인 아몬 신화에서는 이집트를 이렇게 설명했단다.

"이집트란 나일 강이 흐르는 곳이며, 이집트 사람이란 나일 강의 물을 마시는 자이다."

고대 이집트 사람들은 인종을 별로 중요하게 생각하지 않았지. 어떤 인종이든 나일 강의 물을 마시는 자는 모두 이집트 사람으로 생각했어. 그래서 이집트가 크게 번영할 수 있었단다.

나일 강은 매년 7월말이 되면 물이 불어나기 시작해 9월까지 수량이 매우 풍부해진단다. 이 기간에 강물이 강둑을 넘어 주변 토지가 잠기게 되는데, 이것을 '나일 강의 범람'이라고 부르지. 그리고 10월이 되면

해 뜰 무렵의 나일 강

 반대로 물이 빠지면서 다음 해 6월까지 물의 높이가 낮아진단다.
 나일 강의 기적은 매년 일어나는 강물의 범람에 의해 생겨. 나일 강이 넘칠 때마다 강 양옆의 땅을 적시며 검고 비옥한 흙을 운반해 농사가 가능한 땅으로 변화시키는 거야. 그래서 그 땅을 '검은 땅'이란 뜻의 '케메트'라고 부르고, 사막 지대의 붉은 땅을 '데쉬레트'라고 불렀단다. 이 두 단어는 옥토와 불모지라는 뜻을 담고 있을 뿐 아니라, 우주의 질서와 혼돈을 나타내기도 해.
 고대 이집트는 상 이집트와 하 이집트로 나뉘어 있었어. 상 이집트는 아스완에서부터 카이로와 가까운 멤피스에 걸친 나일 강 상류 지대를 말하고, 하 이집트는 멤피스부터 하류의 삼각주 지대를 말한단다.
 이집트를 방문하면 이집트 사람들에게 나일 강이 얼마나 중요한지 금방 알 수 있을 거야. 나일 강을 따라 초록 지대가 자리 잡고 있고, 나일 강을 벗어나면 사람이 살아가기 힘든 사막 지대가 펼쳐지기 때문이지. 그래서 어떤 학자는 나일 강이 없었다면 이집트는 존재하지 않았을 것이라고도 한단다.

이집트의 신들

이집트 10명의 신을 만나 보자

고대 그리스를 이해하려면 그리스 신화와 신들을 알아야 하는 것처럼 이집트 역시 신들과 그들의 탄생을 아는 것이 중요하단다. 이집트에는 국가 신, 지방 신, 민간 신까지 합해 약 700명이 넘는 신이 있다고 해. 그중 내가 간추린 10명의 신을 만나 보도록 하자.

눈(Nun)

안녕? 나는 혼돈으로 엉켜 있는 곳에서 최초로 태어난 신이야. 고대 이집트 사람들은 모든 창조는 바다에서 시작되었고, 모든 사물이 바다 속에 있다고 믿었단다.

내 모습을 너희들에게 설명하기가 조금 어렵네. 왜냐하면 나는 특정한 모습을 하고 있지 않아.

여러 신들이 나타나 있는 그림의 배경 전체가 나라고 할 수 있거든. 사람들은 나일 강이 불어나 요동치는 물을 나의 일부로 생각하기도 했어. 또 배를 들고 있는 모습으로 그리기도 했단다.

슈(Shu)

안녕? 나는 대기, 공기, 빛의 신이야. 나의 쌍둥이 여동생은 테프누트란다. 우리는 헬리오폴리스 신화에서 첫 번째로 부부가 된 신이지(헬리오폴리스는 그리스 어로 '태양의 도시'란 뜻이고, 태양신 '라'가 우주를 창조했다는 신화란다). 나는 수염 달린 남자의 모습으로 등장하기도 하고, 무릎을 꿇고 있는 모습으로 나타나기도 해. 내가 한 일 중에서 가장 잘한 것은 대지의 신 게브와 하늘의 여신 누트를 떼어 놓은 것이야.

게브(Geb)

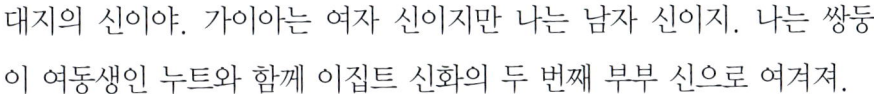

얘들아, 안녕? 나는 그리스 신화에 나오는 가이아처럼 대지의 신이야. 가이아는 여자 신이지만 나는 남자 신이지. 나는 쌍둥이 여동생인 누트와 함께 이집트 신화의 두 번째 부부 신으로 여겨져.

우주가 창조되기 전에 나는 누트와 포옹을 하고 있었어. 하지만 이것을 못마땅하게 여긴 태양신 라가 슈에게 시켜, 나와 누트를 떼어 놓았단다. 우리가 떨어지면서 공간과 빛이 창조되었지. 나는 몸을 둥글게 굽

히고 있는 누트 아래에 팔꿈치와 무릎을 굽힌 자세를 하고 있단다.

누트(Nut)

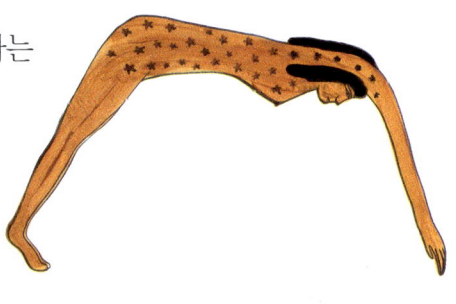

안녕? 나는 하늘의 여신이야. 나는 길게 늘어난 몸을 아치 모양으로 둥글게 구부리고 있단다. 슈가 나를 떠받쳤기 때문에 나는 손가락 끝과 발가락만으로 몸을 지탱할 수 있지. 나는 낮에는 게브와 떨어져 있지만 밤에는 게브에게 내려와 어둠을 만든단다. 나의 배에는 수없이 많은 별들이 그려져 있는데 그것은 내가 하늘의 여신이기 때문이야.

매일 아침 태양은 여러 모습으로 나의 자궁에서 다시 태어난단다. 그래서 나는 사실상 태양신 라의 어머니이면서 동시에 딸이라고 할 수 있지.

오시리스(Osiris)

안녕? 나는 게브와 누트 사이에서 태어난 오시리스란다. 우리 부모는 모두 네 명의 자식을 두었는데 내가 첫째지. 나는 초록색 피부에 어깨는 떡 벌어졌고 부드러운 눈동자에 잘생겼단다. 후훗, 스스로 칭찬하려니 쑥스럽네. 잘난 척해서 미안!

하여튼 나의 아버지 게브는 나에게 이집트의 땅을 다스릴 권세를 주었지. 그런데 내 동생 세트가 내 몸을 잘라 엉망으로 만들어 놓았지 뭐야. 다행히 내 아내의 도움으로 내 몸은 다시 하나가 되어, 죽은 자의 나라를 다스리는 신이 되었단다.

이시스(Isis)

안녕? 나는 게브와 누트 사이에서 태어난 첫째 딸로 오시리스의 아내란다. 사람들 말에 의하면 나는 우아하고 사랑스러우며, 말솜씨가 뛰어나고 고운 머릿결을 갖고 있는 엄청난 마술사래. 이렇게 나를 칭찬하는 말을 들으면 난 쑥스러워져.

어느 날 내게 엄청난 슬픔이 찾아왔어. 바로 남편 오시리스가 세트에게 살해당한 것이야! 난 남편의 조각난 시체를 찾아 이집트 곳곳을 돌아다녔단다. 그리고 그 조각들을 맞추어 내 남편을 살려 냈지. 그러니까 아무래도 마술사라는 말은 맞는 것 같아.

나와 남편 사이에서 태어난 아이가 바로 호루스야. 내 아들 호루스는 매의 머리를 한 모습인데 신들이 다 모인 자리에서 오시리스에 이어 왕이 되어야 한다고 말할 정도로 당당한 아이란다.

네프티스(Nephthys)

얘들아, 안녕? 나는 누트의 둘째 딸로 이시스의 동생이야. 나는 내가 생각해도 무척 조용한 성격이란다. 그래서 내가 자칼의 머리를 한 '아누비스'의 엄마라는 것이 믿어지지 않는다는 사람들도 있지. 나는 풍요의 물을 뿌리고, 그 물을 받아 농부들이 밭을 갈지. 미라가 된 오시리스의 몸은 내가 뿌린 물이 대지에 닿아 부활했어. 나는 세트와 결혼했지만 오시리스에게 충성을 다했단다.

세트(Seth)

나, 내가 누구냐고? 기분 나쁘게 묻지 마! 너희들이 알고 있는 대로 악의 신 세트니까. 흠! 흠! 나는 엄마인 누트에게 상처를 입히고 태어났지. 내 피부는 붉은색이고 당나귀 귀가 달려 있어.

나는 이집트의 신 중 가장 고약하고 나쁜 신이라고 알려져 있어. 형인 오시리스를 죽였으니까. 그건 비옥한 땅은 오시리스가 갖고, 나는 사막을 다스려야 해서 화가 났기 때문이야. 나는 계획을 하나 세웠어. 향이 나는 멋진 관을 만들어 신들의 파티에 내놓은 뒤, 그 관이 딱 맞는 신에게 선물로 준다고 했지. 너희도 알다시피 이집트 사람들과 신은 죽음 후의 세계를 중요하게 여겨서 관에 대해 관심이 많거든. 그 관은 형에게 딱 맞았어. 나는 얼른 관 뚜껑을 덮고 강물에 던졌어. 게다가 나중엔 관을 찾아 형의 몸을 조각내 들판에 뿌려 버렸지.

흠흠, 하지만 나에게도 자랑할 게 하나 있어. 내 목소리가 천둥처럼 크기 때문에 아툼(태양신 라와 같은 신으로 여겨져)의 사랑을 많이 받았다는 것이야. 하여튼 나는 폭풍과 폭우와 사막의 신이자 무질서를 만드는 신이지.

마트(Ma'at)

안녕? 나는 정의와 진리의 여신이란다. 나는 태양신 라의 딸이며 지혜의 신인 '토트'의 아내이기도 하지. 사람이 죽으면 오시리스의 심판을 받게 되는데, 그곳에서 나는 아주 중요한 역할을 해. 죽은 자의 영혼을 법정으로 안내한 뒤, 내 머리에 꽂은 깃털을 한쪽 접시에 놓고, 반대편에는 죽은 자의 심장을 놓는 단다. 만일 깃털이 있는 접시가 무거우면 심장은 오시리스의 나라로 갈 수 있어. 하지만 저울이 심장 쪽으로 기울어지면 심장의 주인은 내 뒤에 있는 악어의 머리에 하마의 몸, 사자의 엉덩이를 한 괴물에게 잡아먹힌단다.

아몬(Amon)

애들아, 안녕? 나는 테베의 '숨어 있는 신'이란다. 나는 대개 커다란 깃털 2개가 꽂힌 관을 쓴 사람의 모습을 하고 있지만 때론 숫양의 모습으로 나타나기도 해. 나는 신왕국의 강력하고도 부유한 수도 테베의 수호신이었어. 가끔 나는 생명을 주는 대기의 신으로 몸 색깔이 푸르게 표현되기도 하지.

| 나르메르 왕 | 기원전 3000년경 | 나르메르 왕 시기 이집트의 통일 |

초기 왕조

제1왕조 (기원전 3000-2649년경까지)

기원전 5천 년경 나일 강에 사람들이 모여들기 시작하면서 고대 이집트의 역사는 시작되었어. 그리고 드디어 기원전 3천 년경 제1왕조가 탄생했지. 나르메르 왕이 상 이집트와 하 이집트를 통일해 세운 초기 왕조는 고왕국 시대의 밑거름이 되었단다. 자, 지금부터 초기 왕조를 시작으로 고대 이집트에 풍덩 빠져 보자!

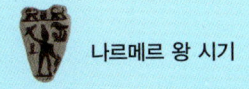 나르메르 왕 시기 2770~2649년경  2770~2649년경
나르메르 팔레트 니네체르 왕 세드 축제 시작

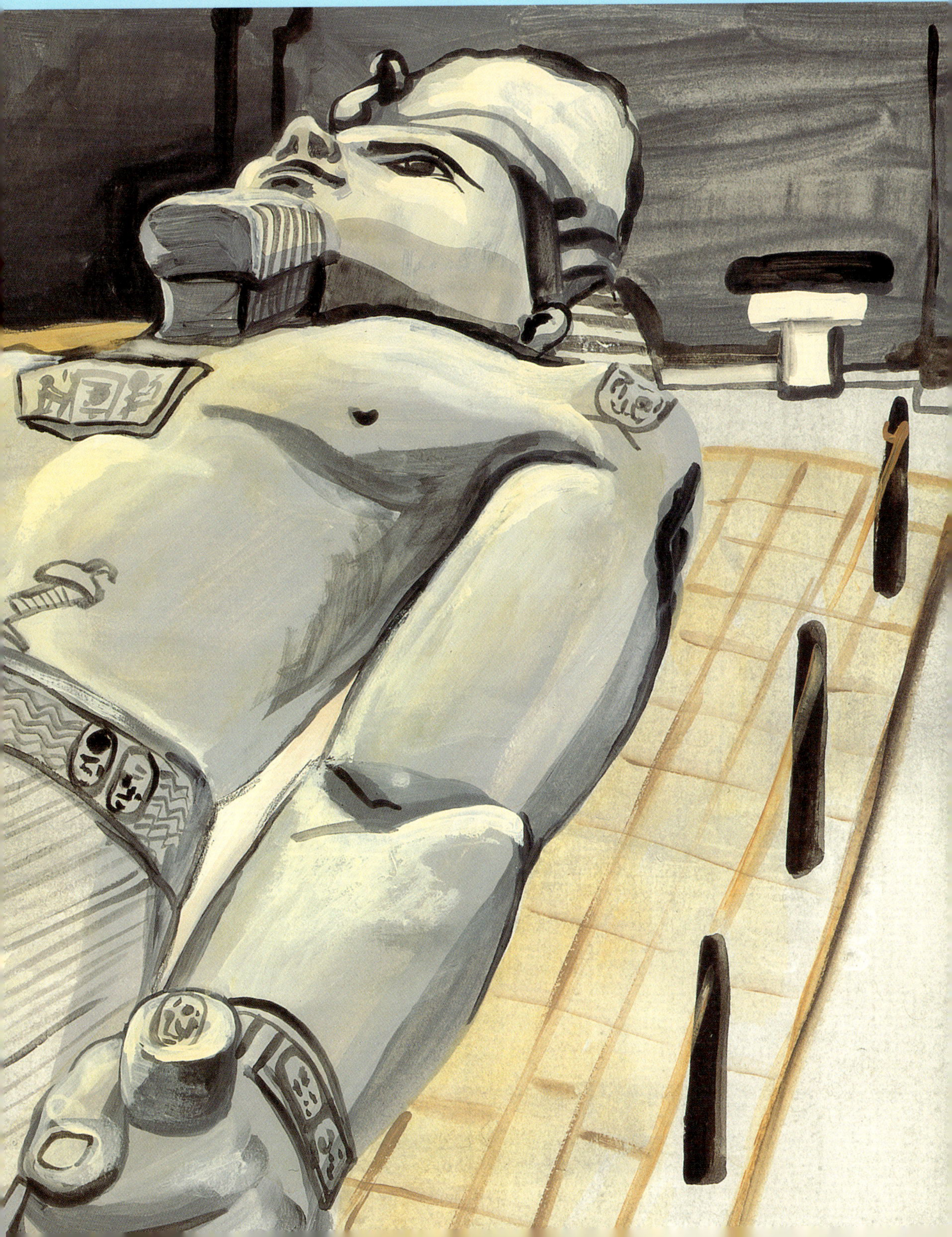

> 기원전 3000-2649년경

나르메르는 '미친 듯이 날뛰는 메기'라는 뜻이야!

 이집트의 초기 왕조 시대부터 차례대로 너희에게 설명해 줄게.

초기 왕조 시대는 제1, 2왕조가 속한 시대로 나르메르 왕(혹은 메네스 왕)이 상, 하 이집트를 통일해 세운 왕조를 말하지.

애들아, 안녕? 에헴! 나는 상 이집트와 하 이집트를 최초로 통일한 나르메르 왕이야. 그래서 목소리에 힘을 조금 줬지!

너희들은 고대 이집트 사람들이 눈 가장자리를 검은색으로 칠한 것을 본 적이 있을 거야. 화장을 한 것이라고 생각하는 친구들이 많지? 그런데 그것은 악령을 쫓기 위한 것이란다. 이집트 사람들은 나쁜 악령이 눈으로 강제로 들어온다고 믿었거든. 또 이집트에 파리가 너무 많아서 파리를 쫓는 방법이기도 해. 이렇게 눈에 칠을 하려면 화장 도구가 필요한데 그때 사용한 것이 바로 '팔레트'라는 화장판이지.

가장 오래된 화장판이 바로 내 이름이 붙은 '나르메르 팔레트'란다. '나르메르'는 '미친 듯이 날뛰는 메기'라는 뜻이야. 나를 미친 듯이 날뛴다고 표현해서 언짢아하지 않을까 걱정하겠지만 사실은 아주 좋은 뜻이란다. 내가 적군을 미친 듯이 무찌르는 모습을 표현한 말이거든. 나는 이집트를 통일한 뒤 수도를 멤피스로 정했어.

으흠, 이 화장판은 지금 이집트 박물관에 있단다. 그곳에서 꼭 보기를, 그리고 거기에 새겨진 늠름한 내 모습도 보기를 바라.

애들아, 우리 모두 허리를 숙여 친절하게 설명해 준 나르메르 왕에게 인사를 하자. 그리고 이집트 박물관에 있는 '나르메르 팔레트'에 대해서는 내가 설명해 줄게.

나르메르 팔레트는 이집트 박물관에 들어서면 바로 중앙에 전시되어 있단다. 이 화장판은 검은 섬록암(조직이 단단하고 치밀해서 건축용으로 많이 쓰이는 녹색의 암석)으로 만들어졌는데 길이가 64센티미터이고 양쪽 면에 빽빽하게 그림이 그려져 있어. 이 팔레트가 '나르메르 팔레트'로 불리는 까닭은 양면의 맨 윗부분에 상형 문자로 나르메르 왕의 이름이 새겨져 있기 때문이란다.

팔레트 앞면에는 나르메르 왕이 상 이집트를 상징하는

용감하게 적을 무찌른 나르메르 왕

　　　　나르메르 팔레트의 앞면　　　　　　나르메르 팔레트의 뒷면

흰 왕관을 쓰고 적과 싸우는 그림이 그려져 있단다. 나르메르 왕은 한 손에 왕의 상징인 곤봉을 들고 다른 손으로 적의 머리를 잡고 있어. 그 옆에는 나르메르 왕의 신발을 들고 있는 신하가 있고, 호루스가 적의 코를 꿰고 있는 그림도 있지.

 선생님! 저에게 설명할 수 있는 기회를 주신다고 약속했잖아요.

아, 쇠똥구리! 먼저 내가 너에 대해 친구들한테 소개할게. 너를 빼먹을 수 없지.

　고대 이집트 사람들은 쇠똥구리가 똥을 굴리는 것이 곧 태양을 굴리는 것이라고 생각했어. 태양은 졌다 다시 떠오르니까 자연스럽게 부활을 상징한다고도 생각했지. 그래서 결국 쇠똥구리는 '스카라베'라 불리며 부활을 상징하는 신성한 벌레가 된 거야(케프라라는 신으로 여겨지기도 한단다). 죽은 자의 몸이 다시 태어나기를 바라는 마음을 담아, 미라의 관에는 쇠똥구리를 붙였단다.

선생님, 제 소개를 멋지게 해 주셔서 고맙습니다! 친구들, 안녕! 너희들이 똥벌레라고 놀릴까 봐 걱정했는데, 조성자 선생님 덕분에 그럴 일은 없겠지? 큭큭.

팔레트 뒷면 윗부분에는 나르메르 왕이 하 이집트의 상징인 붉은 왕관을 쓰고 당당하게 개선 행진을 하는 모습이 그려져 있어. 아, 참! 하 이집트의 왕은 머리에 붉은 왕관을 썼고, 상 이집트의 왕은 흰 왕관을 썼단다. 이 그림은 나르메르 왕이 상, 하 이집트를 통일해서 이집트에 드디어 제1왕조가 세워졌다는 것을 뜻하는 것이지. 그런데 이 팔레트는 실용품이라기엔 너무 크고 화려한 데에다가 히에라콘폴리스 신전에서 발견된 것으로 보아 신에게 바쳐진 것으로 추측한단다.

나르메르 왕의 이름을 새긴 상형 문자는 이집트 역사상 가장 오래된 것이지. 그런데 나르메르 왕과 메네스 왕은 같은 사람이 아닐까 추측하고 있어. 어떤 기록에는 이집트의 통일을 처음 이룩한 왕을 메네스 왕이라고 적어 놓았거든.

쇠똥구리에게 고맙다는 표시로 손을 흔들어 주자. 그리고 멤피스를 향해서 가자.

멤피스에 있는 스핑크스

람세스 2세의 서 있는 상

🪰 선생님, 멤피스에 대해선 제가 설명해 볼게요.

 아, 이집트에 도착해서 멤피스로 갈 때 나를 졸졸 쫓아다니던 파리구나! 그땐 성가시다고 생각했는데 제법 똑똑한 파리인걸! 좋아, 네가 설명해 주렴.

🪰 얘들아, 안녕! 앞으로 나를 '멤파리'라고 불러 주렴. 멤파리는 '멤피스의 파리'를 줄인 거야. 어때, 제법 멋진 이름 같지 않니? 난 너희 여행이 끝날 때까지 졸졸 쫓아다닐 거란다. 큭큭.

멤피스는 카이로에서 남쪽으로 약 30분 정도 차를 타고 가면 나와. 멤피스는 '완벽한 것은 안정되어 있다.'라는 뜻이야. 또한 상, 하 이집트가 합쳐진 곳이기 때문에 '두 대지의 저울' 혹은 '두 대지의 생명'이라고 불리기도 했어.

하지만 지금은 옛날의 화려한 흔적은 사라지고 대추야자가 우거진 작은 동네란다. 그나마 신왕국 시대의 왕 람세스 2세의 누운 동상이 하나 있고, 스핑크스와 람세스 2세의 서 있는 상 정도가 볼거리라고 할 수 있어. 한때 번성했던 옛 수도라고 하기에는 너무나 쓸쓸한 곳이 되고 말았지.

이 도시가 진짜 쇠퇴하기 시작한 것은 알렉산드리아가 탄생하면서부터란다. 그때부터 잊혀진 도시가 되었다가 19세기 들어서 이 도시에 대한 정보를 모으기 위해 발굴 작업을 시작했지. 지금도 발굴은 계속되고 있어.

람세스 2세의 누워 있는 상은 모두 2개인데, 하나는 건설 중인 '대이집트 박물관'으로 옮겨졌고, 다른 하나가 이곳 멤피스에 누워 있어. 원래 높이가 13미터였다는데 석회암으로 만든 것이라 부식되어 무릎 아랫부분이 없어지고 말았지. 그래서 어느 신전의 앞에 세워져 있다가 지금은 이렇게 누워서 너희를 맞이하고 있단다.

　나는 가끔 람세스 2세의 콧잔등에 올라가 낮잠을 자기는 하지만 절대 그곳에 똥오줌을 누지는 않아. 파라오 앞에서 함부로 그럴 수는 없잖아. 물론 콧잔등 위에 올라가는 것도 죄송스러운 일이지만.

　조성자 선생님이 람세스 2세를 보면서 이렇게 말하더라. "우아! 정말 잘생겼네! 영화배우 뺨칠 정도야. 하지만 잔잔한 미소가 더 멋져." 하고 말이야.

　맞아! 나도 항상 느끼지만 람세스

2세의 미소는 보는 이들에게 평화로움을
안겨 주는 것 같아. 나도 저 미소를 배우려고
열심히 연습하고 있어.
그래서 콧잔등에
올라가는 거라고
이해해 줘.

람세스 2세의 누워 있는 상

자, 우리에게 설명을 해 준 멤파리에게 람세스 2세의 멋진 미소를 배우라고 응원해 주고 사카라를 향해서 떠나자.

조세르 왕 · 기원전 2630~2611년경 · 메이둠의 무너진 피라미드 · 스네프루 왕 시기 · 다슈르의 굴절 피라미드 · 스네프루 왕 시기

고왕국

제3왕조에서 제6왕조까지 (기원전 2649-2134년경)

이집트 하면 떠오르는 피라미드!

고왕국은 너희들이 잘 알고 있는 피라미드가 세워진 시기야.

계단식 피라미드, 쿠푸 왕의 피라미드, 붉은 피라미드 등의

거대한 크기와 정교함에 아마 깜짝 놀랄 거야.

또 스핑크스도 만날 수 있단다.

피라미드를 만든 왕들이 있는 고왕국 시대로 가 보자.

| 쿠푸 왕  2551~2528년경 | 태양의 배  쿠푸 왕 시기 | 카프레 왕 2520~2494년경 | 스핑크스  카프레 왕 시기 |

기원전2649-2134년경

최초의 피라미드를 만나러 가자

 멤피스를 떠나 차로 약 10분 정도 달리면 이집트 최초의 피라미드인 '사카라의 계단식 피라미드'가 보인단다. 사카라는 카이로의 남쪽, 나일 강의 서쪽에 자리하고 있지. 사카라 주변에는 대추야자가 우거져 있는데 일종의 과수원이라고 보면 돼. 대추야자는 우듬지에 열매를 주렁주렁 매달고 있는 키가 크고 날씬한 나무야. 내가 묵었던 호텔에서 아침에 대추야자 열매가 나왔는데 어찌나 달고 맛나던지 아기 손가락만 한 열매를 연거푸 3개나 먹었단다. 열매 덕분인지 그날 여행은 피곤하지 않았어.

사카라 주변의 대추야자

선생님, 계단식 피라미드에 대해선 제가 설명할게요.

그래, 쇠똥구리! 네가 해 주렴.

 얘들아, 사카라에 대해 설명을 시작할게.

사카라는 이집트 최초의 피라미드가 만들어진 곳이야. 사카라에 우뚝 솟은 이 거대한 건축물은 제3왕조 조세르 왕의 무덤으로, 위로 올라가면서 점차 작아지는 계단으로 되어 있단다. 건축 재료로 처음 석재가 쓰였지. 왕궁이나 일반 사람이 사는 집은 햇볕에 말린 벽돌을 썼는데, 태양열을 흡수하는 석재는 너무 덥기 때문에 사용하는 경우가 없었어. 그런데 피라미드에 석재를 사용한 이유는 돌은 영원히 보존될 수 있다는 이점이 있기 때문이야.

높이가 60미터가 넘는 이 피라미드는 6개의 거대한 계단층으로 이루

사카라의 계단식 피라미드

어져 있고 네모난 마당의 한가운데 자리 잡고 있지.

　계단식 피라미드를 중심으로 여러 건물들이 있어. 피라미드 본채, 장례 신전, 세르답, 북쪽 신전, 남쪽 신전, 세드 축제장이 있지. 그 옆에는 마스타바가 있는데 마스타바는 귀족들의 무덤을 말해.

🧑 쇠똥구리가 계단식 피라미드에 대해 역시 많이 아는구나. 내가 잠시 '카'와 '바'에 대해 알려 줄게. 이집트 사람들은 인간이 세 부분으로 되어 있다고 생각했어. 하나는 육체, 나머지 둘은 '카'와 '바'라고 하는 영혼이야. '카'는 인격을 가진 영혼, '바'는 근원적인 생명의 기운이라고 할 수 있지. 이집트 사람들은 죽으면 바는 육체를 떠나 날아가 버리고, 카는 이 세상에 남는다고 생각했어. 그래서 카가 머무는 곳으로 석상을 만들어 두었단다.

　'세르답'은 왕의 카가 머무를 수 있도록 만든 석상을 보관하는 방이야. 조세르 왕의 석상은 벽에 뚫린 2개의 구멍을 통해 밖을 바라보지. 북극성과 주극성들(지지 않고 밤새 내내 보이는 별)을 볼 수 있도록 약간 고개를 든 모습이란다. 석상 바로 옆에는 가짜 문이 있는데 이 문은 바가 다시 올 수 있도록 만들어 놓은 것이야. 참, 진짜 조세르 왕의 석상은 이집트 박물관에 전시되어 있어.

🪰 선생님! 계단식 피라미드를 만든 임호텝에 대해선 제가 설명해 주고 싶어요. 임호텝은 제가 가장 존경하는 인물이거든요.

🧑 그렇게 하렴. 그렇게 큰 소리로 말하지 않아도 기회를 주려 했어.

계단식 피라미드를 감독하는 임호텝

얘들아, 계단식 피라미드를 설계하고 감독한 사람이 바로 임호텝이란다. 임호텝은 조세르 왕의 재상으로 다양한 능력을 가진 천재였지. 훗날 그는 신으로 숭배되었고, 임호텝 상이 만들어질 만큼 많은 사람들의 존경을 받았단다.

그런데 임호텝이 계단식 피라미드를 만들 수 있었던 것은 그가 메소포타미아에서 왔기 때문은 아닐까 싶어. 그 당시 많은 메소포타미아 사람들이 이집트로 왔다는 추측이 있거든. 메소포타미아에는 이미 '지구라트'라는 탑이 있었기 때문에 그 방법을 계단식 피라미드에 응용하지 않았을까 생각한단다.

하여튼 이 계단식 피라미드의 돌계단은 부활한 왕의 영혼이 기어오르며 하늘로 올라가는 데 쓰인 것이지.

이집트 박물관에 있는 조세르 왕 석상

임호텝이란 이름의 뜻은 '가득 차서 오는 자'라고 해. 그의 직위는 다음과 같았단다.

'하 이집트의 최고 직위자, 상 이집트 왕의 바로 아래 직위자, 헬리오폴리스의 제사장, 대왕궁의 행정관, 조각가, 돌 항아리 만드는 자.'

정말 다양하지? 그만큼 임호텝은 천재였단다. 덴두르 신전의 벽에 임호텝을 의술의 신으로 섬겼다는 기록이 있을 정도지. 그리스 사람들은 그를 신으로 떠받들고 의술의 신인 아스클레피오스와 같이 여겼어.

그리고 보면 내 성을 '임'으로 해서 임파리로 할 걸 그랬나 봐. 괜히 멤파리로 한 것 같아. 약간 후회되지만 지금 바꾸면 너희가 헷갈릴 것 같아 그냥 둘게.

🙂 잠깐, 임파리, 아니 멤파리야, 내가 조금 덧붙일게. 조세르 왕의 세르답은 위쪽에서 돌이 떨어지는 바람에 막아 두었더라고. 안에 들어

갈 수 없어 너무 안타까웠어. 대신 이집트 박물관에서 조세르 왕을 보고 왔지. 물론 아까 알려 준 대로 사카라에 있는 조세르 왕은 진짜가 아니고, 박물관에 있는 조세르 왕의 석상이 진짜야. 이 석상은 조세르 왕의 카라고 할 수 있어.

이집트 박물관에 들어가서 왼쪽으로 몸을 틀면 바로 보이는 것이 조세르 왕의 석상이야. 자세히 관찰하지 않으면 그냥 지나칠 수도 있단다. 조세르 왕의 얼굴은 엄숙하기도 하면서 약간 무서운 느낌이 들어. 뭔가 깊은 생각을 하는 모습이지. 오른팔은 주먹을 쥔 채 가슴에, 왼손은 허벅지에 올려놓고, 얼굴은 약간 쳐들고 있어.

아, 계단식 피라미드를 둘러볼 때 잊지 말아야 할 것은 편한 운동화를 신는 것이야. 피라미드 주변의 모래가 너무 고와서 마치 밀가루를 밟고 다니는 느낌이 들 정도란다. 그래서 걷기가 약간 불편하거든. 또 혹시 입과 코에 모래바람이 들어가면 호흡기에 문제가 생길 수 있으니까 바람이 불 땐 목과 코를 머플러나 손수건 같은 것으로 막는 것이 좋아. 다시 쇠똥구리, 네가 더 설명해 주렴.

이 계단식 피라미드 아래에 조세르 왕과 그의 가족이 잠들어 있단다. 깊이가 28미터가 넘는 거대한 수직 갱도(동굴 안의 길)를 중심으로 구조물들이 배치되어 있지. 이 동굴에서 사람들이 찾아낸 것은 미라의 발 조각 하나뿐이래.

계단식 피라미드에는 3개의 안마당이 있는데 첫 번째 안마당 앞에 주랑(기둥이 있는 복도)이 하나 있단다. 그곳에서 조세르 왕은 왕위 갱신제인 '세드 축제'를 했지.

왕위 갱신제는 제2왕조의 두 번째 왕인 니네체르 왕이 처음 시작했어. 니네체르 왕은 50년 넘게 왕위에 있었단다. 그때까지 이집트 왕의 재위 기간은 보통 30년이었지. 30년 넘게 통치하려면 그것을 정당화할 근거가 필요했는데, 그래서 니네체르가 생각한 것이 바로 왕위 갱신제야. 원래 조상을 기리는 제사 의식이었지만 왕이 자신의 재위 연장을 인정받기 위해 이용한 것이지.

　　끼어들어서 미안해. 내가 세드 축제에 대해 설명해 줄게. 세드 축제에서 왕은 42개 지방을 상징하는 깃대 사이를 뛰어다니는데, 이것은 자신이 계속 나라 전체를 다스릴 수 있을 만큼 건강하다는 걸 보여 주는 것이래. 생각해 봐! 한 나라의 왕이 약해서 비실거리면 백성들이 불안할 것 아니야. 특히 고왕국 시대에는 다른 나라와 전쟁이 많았거든. 왕이 직접 전쟁터에 나가 지휘를 해야 하는데 약한 왕은 아무래도 질

확률이 높잖아. 그래서 왕이 자신의 강건함을 세드 축제를 통해 보여 주는 것이지.

30년을 다스리고 난 뒤부터는 3년마다 세드 축제를 하는 것이 관례였단다. 그때 왕의 조각상을 만들고 그것을 묻는 의식을 행했어. 묵은 자신을 장사 지내고 새롭게 태어나 왕위를 잇는다는 뜻이지.

이곳을 방문했을 때 조세르 왕이 세드 축제를 하는 모습을 상상해 보았단다. 나이 든 왕이 왕위를 계속 이어가기 위해 열심히 뛰는 모습을 생각하니까, 한편으론 웃음이 나오기도 하고 한편으론 안쓰러운 생각이 들기도 했어. 권력에 대한 사람의 욕심은 옛날이나 지금이나 마찬가지인가 봐.

높은 언덕에서 보니까 아스라이 '굴절 피라미드'가 보이더라고. 날씨가 아주 좋은 날이라야 볼 수 있다는데 마침 우리가 간 날이 손꼽힐 만큼 좋은 날씨였대. 스네프루가 세운 굴절 피라미드는 군사 지역이라 다

사카라의 세드 축제장

멀리 보이는 다슈르의 굴절 피라미드

녀올 수 없거든. 그런데 눈으로라도 확인해서 기분이 좋았어. 마치 옛 친구를 멀리서 보는 느낌이랄까. 당장이라도 달려가 가까이서 보고 싶지만 그러지 못해 더욱 반갑고 설레고 안타까운 느낌. 그것이 다슈르의 굴절 피라미드를 보는 내 느낌이었단다.

자, 우리 멤파리와 쇠똥구리에게 힘찬 박수를 보내고 메이둠의 무너진 피라미드로 가자.

짝짝짝짝―――― 이건 소나기 박수야! 고마워, 멤파리야! 쇠똥구리도, 고마워.

기원전 2649-2134년경

앗, 메이둠의 피라미드가 무너지고 있네!

🙂 메이둠은 카이로에서 차로 약 2시간이 걸리는 곳이야. 우리가 카이로를 출발해 메이둠에 도착했을 때 메이둠엔 관광객이 한 사람도 없었단다. 이른 시간이기도 했고, 고대 이집트에 큰 관심을 가진 사람이 아니면 메이둠까지 찾아오지 않기 때문이지. 그래서 나를 안내해 주었던 사람은 내가 혹시 사학자가 아닌가 생각했대.

우리가 메이둠에 간 날은 금요일이라 심한 교통 체증은 없었단다. 보통 평일 아침 시간에 카이로 시내를 빠져나가려면 한두 시간은 후딱 지나가거든. 공해에 찌든 카이로 시내에 오래 있으면 목이 따끔거릴 정도인데, 금요일은 이슬람교 사람들이 예배를 드리는 날이라 거리가 비교적 한산한 편이었지. 그래서 시간을 많이 아낄 수 있었단다.

메이둠의 피라미드는 휑뎅그렁한 벌판 속에 혼자 서 있었어. 피라미드가 이고 있는 푸른 하늘 속으로 비둘기와 까마귀가 날고 있었단다.

🕊 선생님, 안녕하세요? 제가 바로 메이둠의 피라미드에 집을 짓고 사는 메이둠 비둘기예요. 유명한 유물에 집을 짓는 건 정말 미안한 일이지만 이곳이 살기 좋거든요. 죄송스러운 마음을 씻기 위해 제가 친구들에게 메이둠에 대해 설명하고 싶어요. 이곳을 찾는 관광객에게 안내인들이 영어, 중국어, 일본어, 이집트 어로 설명하는 소리를 들어서 제법 잘 알고 있답니다. 무려 4개 국어 이상을 하는 똑똑한 비둘기니까 믿어 보세요.

 와! 와! 선생님, 비둘기에게 설명을 듣고 싶어요.

🕊 얘들아, 고마워! 나에게 기회를 줘서.

제4왕조의 초대 왕은 스네프루로 그는 무려 5개의 피라미드를 남겼어. 메이둠의 무너진 피라미드, 다슈르의 굴절 피라미드와 붉은 피라미드 등을 만들었지. 그런데 사실 메이둠의 무너진 피라미드는 제3왕조의 마지막 왕인 후니가 시작한 것을 스네프루가 이어받아 완성한 것이야.

메이둠의 피라미드가 무너진 이유는 소문만 무성할 뿐 확실하지는 않지만 경사각이 너무 급해서 무너졌을 거라는 얘기가 있어. 흘러내린 흙 때문에 피라미드의 밑동이 마치 복부 비만에 걸린 사람의 배처럼 보인단다.

🪰 선생니----임! 저에게도 기회를 주셔야지요. 이때를 위해서 선생님 뒤를 졸졸 따라다녔는데요.

맞아! 왱왱 소리를 내며 나를 부지런히 쫓아다녔는데. 내가 잊을 수 없지. 네가 설명해 보렴.

애들아, 다시 설명할 기회가 생겨 기뻐.

다슈르의 굴절 피라미드와 붉은 피라미드 역시 메이둠의 피라미드처럼 실패한 피라미드로 여겨진단다. 다슈르는 사카라에서 남쪽으로 약 7킬로미터 떨어진 곳에 있어.

두 피라미드 중 남쪽에 있는 피라미드는 아랫부분이 가파른 데 비해 윗부분은 완만해서 가운데가 휘어진 것처럼 보이기 때문에 '굴절 피라미드'로 불린단다. 북쪽에 있

붉은 피라미드

는 피라미드는 바깥 장식석이 벗겨져 안쪽의 돌이 보이면서 전체가 붉게 보여 '붉은 피라미드'라고 하지.

메이둠과 다슈르 피라미드의 실패를 거울삼아 쿠푸 왕은 고대 세계 7대 불가사의 중 하나로 꼽히는 멋진 피라미드를 만들 수 있었단다. 스네프루 왕이 쿠푸 왕의 아버지이거든.

스네프루 왕과 아들 쿠푸

👧 메이둠의 피라미드 안에 있는 스네프루 왕의 매장실을 들어가는데 흐릿한 전등이 어두컴컴하고 좁은 통로를 비추고 있었단다. 통로가 언제 끝날지 모르는 두려움에 들어갈까 말까 망설이다가, 그냥 가면 너무 서운할 것 같아 용기를 냈지. 한참을 기어 들어가 드디어 매장실에 다다랐는데, 큰 돌 관만 남아 있고 아무것도 없었단다. 파리 몇 마리가 윙윙 작은 소리를 내고 있었지.

🪰 애들아! 그 파리가 바로 나야, 나! 선생님이 내 이야기를 하니까 마치 내가 이집트의 파라오가 된 느낌이네. 후훗!

👧 이제까지 들어간 무덤 중에서 메이둠의 피라미드는 쿠푸 왕 다음으로 힘들고 긴 무덤이었단다. 신왕국의 제18왕조 사람들이 히에로글리프(고대 이집트의 상형 문자)를 보고 이곳이 스네프루 왕의 무덤이라는 것을 알아냈대. 히에로글리프에 대해선 이 책 186쪽을 참고하렴.

피라미드 아래쪽에는 무너져 내린 흙과 돌들이 엉켜 있어서 마치 공사를 하다가 그만둔 듯 너저분했어. 메이둠의 피라미드 주변에는 귀족들의 마스타바가 흩어져 있단다. 그중 '메이둠의 거위' 그림으로 유명

메이둠의 무너진 피라미드와 참배길

무너진 피라미드 옆 마스타바 입구

메이둠의 거위 그림

한 이테트의 무덤에 들어가고 싶었지만 군인들이 막고 있어서 갈 수 없었어. 그래서 메이둠의 거위는 이집트 박물관에서 감상했지. 박물관에 있는 거위 그림이 실제 그림이거든. 6마리의 거위 중 2마리는 풀을 뜯어먹고 있고, 4마리는 걷고 있는데 그 모습이 얼마나 자세한지 뾰족한 이빨까지 보인단다.

까옥, 까옥! 선생님, 안녕하세요? 귀족들의 마스타바 중 라호테프와 네페르트에 대해선 제가 설명해 주고 싶어요.

아, 조금 전에 만난 까마귀구나! 그래, 네가 하렴.

고마워요! 애들아, 라호테프는 높은 관직에 있었던 사람인데 왕의 아들이 아닐까 추측해. 메이둠의 피라미드 주변에 라호테프와 그의 부인 네페르트의 무덤이 있지. 그 무덤 안에 라호테프와 네페르트의 모습이 그려져 있었단다.

두 사람의 조각상이 이집트 박물관에 전시되어 있대. 나는 가 보지 못했지만 조성자 선생님은 봤으니까 너희들에게 설명해 줄 거야.

맞아! 이집트 박물관에 가면 1층 32번 방에서 두 사람을 볼 수 있단다. 석회암에 색을 입힌 이 석상들의 높이는 120센티미터가 조금 넘어. 기다란 의자에 두 사람이 나란히 앉아 있지. 라호테프는 짧은 흰색 킬트를 입고, 외줄 목걸이를 했어. 햇볕에 보기 좋게 그을린 갈색 몸에 콧수염이 난 아주 잘생긴 모습이란다. 부인인 네페르트는 온몸을 흰 천으로 두르고 검은색

라호테프와 부인 네페르트

가발에 꽃무늬가 새겨진 하얀 머리띠를 하고 있어. 나도 한번 매 보고 싶을 정도로 예쁜 머리띠지. 네페르트의 피부는 밝은 색으로 칠해져서 남편의 피부 색깔과 비교가 돼. 이집트 미술에서는 남자들은 거의 갈색으로, 여자들은 흰색으로 뽀얗게 칠했단다.

자, 우리에게 설명을 해 준 비둘기와 멤파리, 까마귀에게 손을 흔들고 기자의 피라미드를 향해 떠나자.

 안녕! 고마워!

기원전 2649-2134년경

쿠푸의 피라미드는 세계에서 가장 큰 무덤이란다!

🧑 쿠푸의 피라미드를 시작으로 제4왕조 때부터 진짜 피라미드가 건설되었어. 우리가 알고 있는 쿠푸와 그의 아들 카프레, 손자인 멘카우레의 피라미드가 이 시기에 만들어졌지.

밀 케이크

'피라미드'는 밀 케이크를 뜻하는 그리스 어 피라미스(Pyramis)에서 나온 말이야. 그리스 사람들이 먹던 밀 케이크처럼 생겼다고 해서 붙은 이름이지.

🪲 선생님, 역사 이야기는 제가 주로 해 주고 싶어요. 선생님이 말하면 공부 시간 같아서인지 하품을 하는 친구들이 있더라고요. 제가 하면 조는 친구들이 없을 거예요, 헤헤!

🧑 서운하지만 할 수 없지. 네가 설명해 주렴. 아무래도 쇠똥구리가

우리 친구들과 가까이하고 싶어 꾀를 낸 것 같은데…….

기자의 피라미드 앞에서

🪲 얘들아, 꾀를 낼 만큼 내가 너희들을 좋아한다는 것을 알아주렴. 헤헷!

제4왕조 때에는 별 신앙 대신 태양 신앙이 자리를 잡았단다. 그래서 왕의 칭호에 도 태양신의 아들임을 나타내는 '라' 가 쓰이게 되었지. 또한 근친혼이 아주 많았단다. 근친혼이란 가까운 친척끼리 결혼하는 것을 말해.

제4왕조 때는 왕위 계승권이 아들이 아니라 딸에게 있었어. 당시 여성의 권위가 얼마나 대단했는지 알겠지? 스네프루 왕의 부인이었던 헤테페레스 1세 왕비의 무덤에 함께 묻힌 금장식 물건들이나 히에로글리프를 보면 그 점을 확인할 수 있어.

'상 이집트와 하 이집트 왕의 어머니이자 호루스의 자녀로서 한 마디 한 마디가 그녀로 인해 있으며 그 몸은 신의 딸인 헤테페레스.'

어때, 대단하지 않니?

👩 내가 헤테페레스 1세 왕비의 무덤에 들어갔을 때의 일이란다. 좁은 통로를 허리를 굽힌 채 한참 기어 들어갔는데 그곳에 간 사람은 안내인과 나뿐이었어. 돌아 나갈 수도 없는 좁은 통로에서 두려움이 후욱

헤테페레스 왕비의 무덤에서 나온 가마와 의자, 그릇

몰려왔지. 이러다가 밖으로 나갈 수 없는 것은 아닐까, 얼마나 더 가야 하는 것일까, 이런저런 생각이 범벅이 되어 괜히 따라왔다는 후회가 들었단다.

드디어 사각형의 돌 관을 두었던 공간이 나타났을 땐 나도 모르게 안도의 한숨을 쉬었지. 몸을 꼿꼿이 펴고 고개를 들어서 주변을 꼼꼼히 살펴보았어. 무덤에 있었던 장식품들은 이집트 박물관의 1층 37번 방과 2층 4번 방에 전시되어 있단다. 박물관에 있는 가구들을 보면 그 정교함에 입이 벌어질 거야.

입구를 향해 나올 땐 조금 전까지 느꼈던 두려움은 사라졌단다. 바깥에서 들어오는 빛이 잘했다고 내 얼굴을 어루만져 주는 것 같았어. 다음 날 무릎이 떨려서 잘 걷지 못했지만 너희들에게 생생한 경험을 전할 수 있어서 뿌듯하구나.

이제 쿠푸 왕의 피라미드에 대해서 설명해 줄게.

선---생---님! 또 제가 설명해 주면 어떨떨떨---까요?

아, 쇠똥구리! 그런데 너, 왜 떨고 있니?

무덤에 다녀온 뒤 선생님이 다리를 덜덜 떠는 바람에 저까지 떨게 되었어요. 선생님과 저는 한마음이니까요. 하지만 친구들에게는 떨지 않고 잘 설명할게요.

　애들아, 쿠푸 왕의 피라미드는 고대 세계 7대 불가사의에 속하는 것이야. 고대인들이 만들었다고는 믿을 수 없을 만큼 정교해서 외계인이 만든 것이라고 주장하는 사람들도 있지.

　쿠푸 왕은 제4왕조의 두 번째 왕으로 기원전 2551년경의 왕이야. 쿠푸 왕의 피라미드는 2.5톤 무게의 석회암을 자그마치 230만 개나 쌓아 올려 만들었어. 그리스의 역사가 헤로도토스는 이런 피라미드를 지으려면 10만 명의 사람들이 20년 동안 일해야 한다고 기록해 놓았단다. 건축 당시의 높이는 146.7미터였지만 피라미드 겉면을 싸고 있던 화강암이 벗겨지고 꼭대기 부분이 무너져서 지금은 137미터야. 원래 피라미드의 겉면은 반들반들했는데 후세 사람들이 장식석을 떼어 다른 건물을 짓는 데 사용하기도 했대.

　정사각형의 밑변은 한 변의 길이가 230미터란다. 피라미드의 옆면은 52도로 기울어져 있는데, 양쪽의 오차가 0.5센티미터도 나지 않지. 그래서 2톤이 넘는 돌들이 아귀가 척척 맞아 바늘로 찔러도 들어갈 틈이 없단다. 아무리 생각해도 기가 막히게 잘 만든 것 같아. 헤헤, 내가 다 자랑스러운걸!

57

쿠푸 왕의 피라미드

🪰 선---생---님, 저도 선생님을 따라 무덤에 들어갔더니 떨---려---요! 저에게도 기회를 주세요. 저도 선생님과 마음이 하나거든요.

👩 후훗! 나와 한마음이라니까 기분은 좋다. 어렸을 땐 파리를 무척 싫어했는데 말이야. 지금도 별로 좋아하지는 않지만. 멤파리, 너는 나에게 특별한 파리야.

🪰 후세 사람들은 혹시 노예들을 강제로 데려와 피라미드를 만든 것은 아닐까 생각했는데 전혀 그렇지 않대. 나일 강이 홍수로 넘칠 때 농사를 지을 수 없었던 농민들이 와서 만들었다고 해. 최근엔 피라미드를 만들던 사람들의 무덤을 발견해서 그들이 노예가 아니라는 것이 증명되

었지. 생각해 봐. 누가 노예의 무덤을 왕의 무덤인 피라미드 주변에 만들도록 하겠어?

아주 오래전에는 많은 사람들이 모험을 한답시고 피라미드 꼭대기까지 오르곤 했어. 하지만 꼭대기에서 모래바람에 휩쓸려 떨어지거나 아니면 정신이 아찔해서 떨어져 죽기도 했대. 요즘은 이런 사고를 막기 위해 올라가지 못하게 한단다.

잠깐, 끼어들어서 미안해! 내가 쿠푸의 피라미드를 세 번 방문했거든. 한 번은 5년 전이었고, 이번엔 5일 간격으로 두 번을 방문했어. 5년 전에는 모래바람이 많이 불어서 입안에 모래가 서걱거렸단다. 이번엔 다행히 모래바람이 심하지는 않았지만 그래도 머플러를 머리에 쓰고 다녔지.

이 피라미드를 지은 쿠푸 왕의 모습이 궁금하면 이집트 박물관의 1층 37번 방에 전시된 조각상을 보면 돼. 이 조각상은 상 이집트의 아비도스 신전에서 발견되었대. 쿠푸 왕에 대한 자료는 이것이 전부라고 해.

쿠푸 왕의 조각상은 유리 상자 안에 보관되어 있는데 높이가 7.5센티미터밖에 안 돼서 눈을 부릅뜨고 봐야만 제대로 볼 수 있단다. 내가 세 번째로 박물관을 방문했을 때 마침 사람들이 없어서 돋보기를 꺼내 이리저리 자세히 볼 수 있었지. 그렇게 살펴보다 보니, 마치 우리나라 40대 후반의 과묵한 아저씨를 보는 느낌이었어.

쿠푸 왕은 하 이집트의 붉은 왕관을 쓰고 오른손은 가슴에, 왼손은 무릎에 얌전히 올려놓고 있어. 입을 굳게 다문 채 생각에 잠긴 얼굴을 하고 있지. 쿠푸 왕의 이름은 왕이 앉은 의자 오른쪽에 새겨져 있단다.

자, 다시 멤파리의 말을 들어 보도록 하자.

쿠푸왕 조각상

🫏 허헝헝! 선생님, 저에게도 기회를 주세요. 한국에서 온 친구들은 제가 특히 좋아하는 친구들이에요. 저를 모델로 사진 찍는 것을 아주 좋아하더라고요. 어떤 친구는 제가 싼 똥을 사진에 담기도 하고요. 원, 똥도 사진감이 되는지. 제 주인이 사진 찍는 사람들에게 돈을 내놓으라고 할 때면 정말 고개를 들 수 없어요. 우리 주인도 먹고살기는 해야 하지만요……. 하여튼 전 한국 친구들을 무척 좋아해요!

👩 그래, 당나귀! 네가 설명해 주렴.

🫏 우선 고대 이집트 사람들이 어떻게 이 거대한 돌덩이들을 옮겼는지 궁금하지 않니?

멀리 아스완에는 피라미드의 장식석으로 쓰이는 좋은 화강암들이 많이 있었단다. 그래서 그곳의 돌들을 여기까지 실어 왔어. 우선 나뭇조각을 돌에 박은 후 나무에 물을 부으면 팽창하면서 돌이 쪼개지게 돼. 그 돌들을 이집트의 전통 배인 '펠루카'에 싣고 바람의 힘을 이용해 나일 강을 따라 이곳까지 옮겼지. 여름철에는 피라미드 가까이까지 물이 차 올랐거든. 그 후에 피라미드 꼭대기까지 모래를 쌓아 올리고 큰 돌덩이를 옮겨 차곡차곡 돌을 쌓았지.

많은 사람들이 피라미드는 왕의 무덤이라고 생각해. 맞아, 하지만 단순한 무덤이 아니란다. 왕이 죽으면 나일 강 서쪽에 피라미드를 만들었는데, 서쪽은 해가 지는 곳으로 이집트 사람들에게 죽음을 상징하기도 했어. 이집트 사람들은 피라미드는 카가 머무는 곳이라고 생각했단다. 카가 머물면서 생명의 에너지를 축적하고 변형시키는 곳이라 여겼지. 나중에 보게 될 '오벨리스크' 역시 피라미드와 같은 종류라고 생각하면 돼.

쿠푸 왕의 피라미드 앞에서 만난 당나귀

헤헤, 내가 너무 어렵게 설명했나? 나 역시 이해하느라 몇 번이나 생각하며 정리했단다.

잠깐, 내가 쿠푸 왕의 피라미드에 들어간 경험을 이야기해 줄게. 쿠푸 왕의 피라미드는 많은 사람들이 들어가 보고 싶어 해서 억지로 입구를 만들었는데, 지금은 원래의 입구보다 약 10미터 밑에 있는 새 입구를 통해 들어갈 수 있단다.

무덤 안에 들어갈 때는 최대한 머리를 낮추고 기다시피 해야 돼. 그렇게 좁고 가파른 비탈길을 내려가다 보면 두 갈래 길을 만나게 되지.

　　　　　　거기서 다시 오르막길을 타고 올라가야 하는
데 숨이 막힐 정도야. 5년 전엔 한 아이가 겁이 났는지 울어 대
는 통에 사람들이 곤욕을 치르기도 했단다.

　조금 더 올라가면 넓은 대회랑을 만나게 되고, 대회랑의 꼭대기에 이
르러 드디어 왕의 방에 도착하게 되지. 화강암으로 만들어진 이 방의
비율은 신성한 삼각형인 3:4:5란다.

　막상 들어가면 10명 이상도 넉넉히 서 있을 만한 공간에 석관 외에는
아무것도 없어서 살짝 허탈한 기분이 들어. 하지만 가슴이 뻥 뚫리는
느낌을 받는데 바로 2개의 통풍구 덕분이야. 이 통풍구들은 각각 오리
온자리와 북극성을 향하고 있어서 파라오의 영혼이 하늘로 올라가는 것
을 돕는다고 해. 딱딱한 돌 속에 이런 공간이 있다는 것만으로도 고대
이집트 사람들의 건축 기술에 절로 감탄이 나오지.

그런데 요즈음엔 입장료도 비싸게 받고 게다가 선착순 100명만 입장시켜서 아침 일찍 서두르지 않으면 들어갈 수 없는 곳이 되고 말았어.

자, 이제 쿠푸 왕의 피라미드 뒤편에 있는 '태양의 배' 박물관에 가 보자.

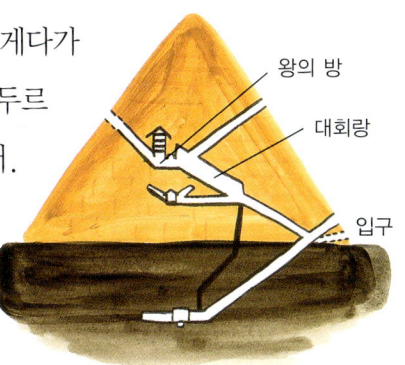

쿠푸 왕의 피라미드 내부 구조

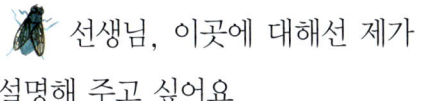 선생님, 이곳에 대해선 제가 설명해 주고 싶어요.

아, 멤파리! 너도 나와 함께 '태양의 배' 박물관에 들어갔었지! 나를 계속 따라다녀서 조금 귀찮은 때도 있었지만 너처럼 똑똑한 파리는 처음이야.

선생님, 정말 고마워요! 무척 흥분되는걸요! 얘들아, 내가 최선을 다해 설명해 줄게.

1954년 탐험가들이 피라미드의 남쪽 근처를 발굴하던 중 거대한 석판들을 발견했단다. 석판들을 걷어 내자 레바논의 백향목으로 된 판자들이 차곡차곡 쌓여 있었지! 석판들은 나룻배를 만들 판자들을 보호하기 위한 것이었어. 바로 그 배가 쿠푸 왕의 '태양의 배'였단다. 처음 발견되었을 때는 훼손이 많이 된 상태였는데, 일본 사람들이 14년 동안 열심히 복원해서 1968년 지금의 웅장한 모습으로 박물관에 전시됐지.

태양의 배는 쿠푸 왕이 죽은 뒤 하늘을 여행할 때 사용하기 위해 만들어진 것이야. 태양신 라가 우주를 항해할 때 태양의 배를 이용했다는 전설에 따라 쿠푸 왕도 신이 되어 이 배를 타게 될 것이라고 믿었어.

피라미드 주변은 한낮엔 따가운 햇볕 때문에 선글라스 없이는 나다니

태양의 배 박물관

기 힘든데 태양의 배 박물관에 들어오면 햇볕도 피하고 태양의 배를 보는 재미도 느낄 수 있단다.

박물관에 들어가려면 입장권을 산 후 신발에 덧신을 신어야 해. 그리고 배를 보려면 2층으로 올라가야 하는데, 화장실에 가고 싶은 친구는 이곳 화장실을 이용하면 된단다. 이집트에서는 화장실을 이용하려면 돈을 내야 해. 하지만 이집트 박물관과 이곳의 화장실은 돈을 내지

않아도 되지. 멤파리야, 계속 설명해 주렴.

🪰 하여튼 이 배는 높이가 5미터이고 길이가 43미터나 돼. 그리고 노가 모두 5개 있단다. 백향목으로 만든 배의

결은 반짝반짝 빛이 나지. 자그마치 4천 6백 년이나 되었는데도 말이야. 그래서 레바논의 백향목이 좋다고 하는가 봐.

👩 자, 우리 멤파리에게 파리처럼 두 손을 비비며 고맙다고 말해 주자. 그다음 쿠푸 왕의 피라미드 옆에 있는 카프레 왕과 멘카우레 왕의 피라미드를 함께 감상하도록 하자.

기원전 2649-2134년경

카프레와 멘카우레 왕의 피라미드를 만나자

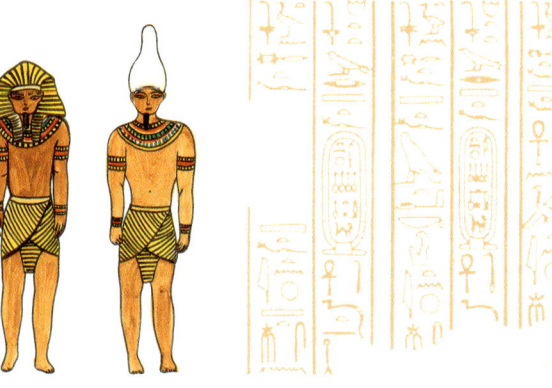

스핑크스와 카프레 왕의 피라미드

🐥 선생님! 제가 카프레 왕과 멘카우레 왕의 피라미드에 대해서 우리 친구들에게 이야기해 주고 싶어요. 이곳까지 와서 제 입김을 쐬지 않고 간다면 서운할걸요.

👩 그래그래, 네가 하렴. 하지만 절대 모래바람은 입에 넣지 말렴.

🐥 카프레 왕은 아버지 쿠푸 왕처럼 피라미드를 만들었지만 기술 면이나 크기 면에서 훨씬 못 미친단다. 카프레 왕의 피라미드를 보기 전에 우선 카프레 왕의 신전을 보기로 하자. 신전의 길을 따라가면 카프

카프레 왕의 신전과 피라미드

레 왕의 피라미드에 닿기 때문이야.

다행히 왕의 미라를 만들었던 계곡 신전은 파괴되지 않고 고스란히 남아 있어. 큰 돌덩이로 세워진 이 신전은 돌이 주는 무게감 때문에 보는 사람들의 마음을 묵직하게 만든단다.

약 15미터나 되는 벽은 한 변의 길이가 4미터인 사각형 모양 화강암과 대리석으로 만들었어. 바닥에는 알라바스터(흰 대리석인 설화 석고)를 깔았는데 자르면 그 면이 눈꽃 송이처럼 보여서 그렇게 불렀대. 알라바스터를 바닥에 깐 이유는 하얀색이 부활을 상징하기 때문에 왕이 신으로 부활하기를 바라는 뜻에서라고 해. 과거에는 입구에 스핑크스 4마리가 지키고 있었대. 입구에 들어서면 큰 방이 나오는데 그곳 벽에 카프레 왕의 조각상 23개가 등을 기대고 있었다고 하지. 다행히 그중 하나가 이집트 박물관에 전시되어 있어.

🙂 끼어들어서 미안! 내가 이집트 박물관에서 만난 카프레 왕의 조각상을 잠깐 소개할게.

이집트 박물관의 1층 42번 방에 들어가면 오른쪽 중앙에서 카프레 왕을 볼 수 있어. 카프레 왕은 우리가 조금 후에 살펴볼 스핑크스를 만든 왕이기도 해. 이 조각상은 카프레 왕의 신전 안에 있는 구덩이에서 발견했단다. 거꾸로 처박혀 있었다고 하는데 왜 그런지는 밝혀지지 않았어.

카프레 왕은 뱀 장식이 달린, 파라오의 상징 '네메스' 두건을 쓰고, 수염 장식을 달고 손에는 무엇인가를 쥐고 있어. 왕이 앉은 의자에는 상 이집트의 상징인 연꽃과 하 이집트의 상징인 파피루스가 있고. 이것은 왕이 두 이집트를 함께 다스린다는 뜻이야. 왕의 뒤에는 매의 모습을 한 호루스 신이 날개로 왕을 감싸고 있단다. 아, 참! 카프레 왕의 피라미드 안에 들어간 이야기도 들려줄게.

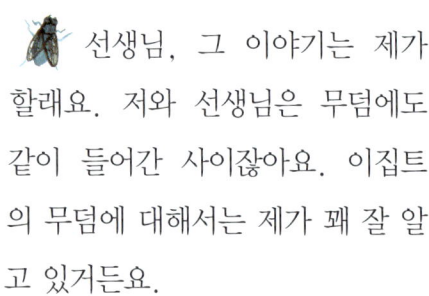 선생님, 그 이야기는 제가 할래요. 저와 선생님은 무덤에도 같이 들어간 사이잖아요. 이집트의 무덤에 대해서는 제가 꽤 잘 알고 있거든요.

카프레 왕 조각상

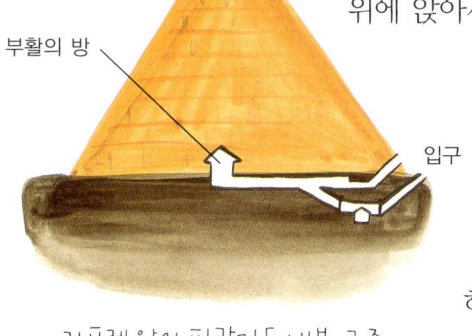

카프레왕의 피라미드 내부 구조

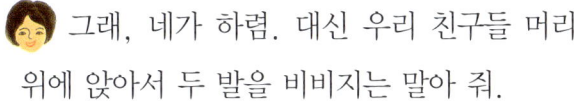 그래, 네가 하렴. 대신 우리 친구들 머리 위에 앉아서 두 발을 비비지는 말아 줘.

네엣! 얘들아, 카프레 왕의 피라미드에는 입구가 2개 있단다. 그중 하나가 방문객들이 이용하는 것으로 쿠푸 왕의 피라미드와는 비교도 할 수 없을 만큼 평평한 길이야. 그러니 쿠푸 왕의 무덤처럼 좁고 가파른 길을 올라가야 할까 봐 걱정할 필요가 없단다.

내리막 복도를 타고 가면 지하실에 이르지. 지하의 작은 공간을 지나 다시 올라가면 평평한 길을 만나는데, 곧 부활의 방으로 이어지게 돼. 이 방은 가로가 약 5미터, 세로가 약 14미터로 가장 높은 곳이 약 7미터란다. 쿠푸 왕의 피라미드가 위로 솟아오르는 느낌을 준다면 이곳은 편안한 수평의 느낌을 주지.

부활의 방 왼쪽 벽에는 큰 글씨로 이렇게 써 있어. '벨조니에 의해 발견됨. 1818년. 3월 2일.' 파리가 글씨를 읽으니까 신기하지? 큭큭, 난 역시 똑똑한 파리라니까! 이탈리아의 탐험가 지오반니 벨조니가 이 방을 처음

힘이 센 벨조니

69

멘카우레 왕의 피라미드

발견했다는 뜻이야. 벨조니는 원래 서커스단의 차력사였는데 힘이 어찌나 센지 무거운 것을 척척 잘 들어올렸대. 그것을 본 영국인 이집트학자가 자신의 팀원으로 벨조니를 불러들였고 드디어 벨조니가 큰 활약을 하게 된 것이지.

 그런데 카프레 왕의 피라미드에 쓰인 돌들은 훗날 이집트를 정복한 오스만 투르크의 술탄 하산이 떼어 가서 이슬람 성전을 만드는 데 썼다고 해.

🙆 설명을 해 준 멤파리에게 박수를 쳐 주자. 자, 그럼 이제 마지막 남은 멘카우레 왕의 피라미드에 대해서는 바람에게 들어 볼까?

🪲 선생님, 멘카우레 왕의 피라미드에 대해선 제가 설명해 주고 싶어요. 제발---요!

🙍‍♀️🙍 네-에! 바람에게 듣는 것도 좋지만 바람은 가끔 모래를 입속에 넣어요. 그게 싫지는 않지만요. 여기는 이집트니까요! 그래도 이번엔 쇠똥구리에게 얘기를 듣고 싶어요.

🪲 아, 이 인기는 식을 줄을 모르네! 고대 이집트에서부터 지금까지! 얘들아, 정말 고마워! 최선을 다해 설명해 줄게. 짧지만 굵게.

멘카우레 왕의 피라미드는 기자의 다른 두 피라미드보다 훨씬 낮은 65미터야. 하지만 피라미드에 사용된 석재는 가장 굵은 돌이지. 멘카우레 왕은 자주 공사장을 찾아 감독관에게 정해진 날짜에 맞춰 완성해 줄 것을 부탁했대.

쿠푸, 카프레, 멘카우레 왕

멘카우레 왕의 피라미드 안 매장실은 길을 따라 계속 내려가야 다다를 수 있단다. 재미있지 않니? 쿠푸 왕의 매장실은 계속 올라가야 하고, 카프레 왕은 평평하게 걸어가야 하고, 멘카우레 왕은 내려가야 한다는 것이.

👧 쇠똥구리에게 힘찬 박수를 쳐 주자. 이제 카프레 왕의 피라미드 앞에 서 있는 스핑크스는 무엇인지 알아보도록 하자.

기원전2649-2134년경

스핑크스는 무엇일까?

스핑크스에서 만난 고양이

야옹야옹! 선생님, 안녕하세요? 스핑크스에 대해선 제가 설명할게요. 전 스핑크스 입구의 돌 속에서 사니까 저만큼 스핑크스에 대해 잘 아는 동물은 없을 거예요. 우리 할아버지의 할아버지의 할아버지 때부터 이 속에서 살았으니까요.

고대 이집트 사람들은 고양이를 신으로 섬겼을 정도니, 제가 돌 속에 산다고 해도 하찮은 고양이는 아니에요. 푸푸, 자랑 좀 했어요. 참, 선생님이 제 모습을 아주 멋지게 찍어 주셔서 정말 고마워요. 아마 스핑크스를 배경으로 사진 찍은 고양이는 제가 최초일 거예요. 그 보답으로 친구들에게

웅장한 모습의 스핑크스와 카프레 왕의 피라미드

설명을 해 주고 싶어요. 그리고 앞으로 절 '핑크 고양이'라고 불러 주세요. 스핑크스에서 앞과 뒤의 '스' 자를 빼면 핑크가 되니까요. 어때요? 멋지지 않아요? 물론 제 털이 분홍빛은 아니지만.

🧑 아, 핑크 고양이. 네가 돌 속에 숨어 있어서 불러내느라 야옹야옹 한참 외쳤더니 목이 아팠지. 그래도 네가 얼굴을 내밀어서 보람은 있었어! 너한테 설명까지 듣게 되다니 기쁘구나!

🐱 야옹! 친구들, 안녕! 카프레 왕의 피라미드 앞에 떡 버티고 있는 스핑크스는 카프레 왕을 닮았대. 그래서 사람들은 스핑크스를 카프레 왕이 만든 것이 아닐까 추측해. 그런 추측을 하는 또 하나의 까닭은 카프레 왕의 피라미드 참배로 입구에 스핑크스가 있다는 것이야. 그래서

스핑크스를 '피라미드를 지키는 수호신'으로 생각하는 사람들이 많아. 하지만 어떤 학자들은 그렇게 보기에는 문제가 있다고 해. 이집트에서 무엇인가를 수호하는 것들은 모두 한 쌍으로 되어 있는데 스핑크스는 오롯이 혼자 있기 때문이야. 그래서 신앙의 대상이었을 것이라고도 생각하지. 태양신 라의 화신이라고 보는 사람도 있어.

　스핑크스는 원래 '쉐세프 앙크'라고 불리다 나중에 그리스 어인 '스핑크스'로 바뀌게 되었어. 스핑크스는 '영원한 생명을 나타내는 것'이라는 뜻이래. 하지만 고대 이집트에서는 스핑크스를 '호르 엠 아케트(지평선에 있는 호루스)'로도 불렀다고 해. 그래서 호루스 신의 모습이 아닐까 하지.

　선생님, 저에게도 기회를 주세요. 딱 한 번만 설명하고 아이들과 헤어질 생각을 하니까 무척 아쉬워요.

　그러렴, 아이들이 네가 무척 좋은지 네 앞에서 사진을 계속 찍더라고.

　허헝헝! 기분 좋네요! 최선을 다하겠습니다.
　애들아, 스핑크스는 인간의 머리를 하고 파라오의 상징인 네메스를 쓰고 세 피라미드 앞에 웅장하게 앉아 있어. 스핑크스는 석회암 산을 통째로 깎아 만들었지. 스핑크스가 바라보는 곳은 해가 뜨는 동쪽이야. 또한 나일 강을 향하고 있어. 스핑크스가 하는 일은 세 피라미드를 지키고 매일 아침 태양을 다시 탄생시키는 것이래.

그리스 신화에서 스핑크스는 "아침에는 네 발로 걷고 낮에는 두 발로 걷고 저녁에는 세 발로 걷는 것이 뭐지?"라는 어려운 수수께끼를 내서 알아맞히지 못한 사람들을 잡아먹는 무시무시한 여자 괴물로 나오잖아. 하지만 이집트의 스핑크스는 남자로, 엄숙하면서도 멋진 모습이야. 태양 신앙의 상징으로서 태양신의 위엄을 보여 주기 위해 만들었다는 이야기도 있어.

선생님, 여기까지만 제가 설명하고 제 친구 핑크 고양이에게 양보하고 싶어요. 전 마음이 넓은 당나귀니까요. 허헝헝!

고마워! 내 친구 당나귀는 귀가 커서인지 남의 말도 잘 들어 주고 마음도 넓어.

애들아, 스핑크스에는 전해져 오는 이야기가 있단다. 어느 날 사막에서 사냥을 하던 투트모세 4세가 잠깐 잠이 들었대. 그런데 꿈에 스핑크스가 나타나 이렇게 말했다지.

"나는 지금 모래에 묻혀 있다. 그래서 숨도 못 쉬고 답답한데 나를

스핑크스를 발견한 투트모세 4세

꺼내 주면 네가 파라오가 되게 해 주겠다."

　꿈에서 깨어난 투트모세 4세가 모래를 팠더니 진짜 스핑크스가 나타났대. 그 뒤에 정말 투트모세 4세는 제18왕조의 파라오가 되었지. 그래서 투트모세 4세는 붉은 화강암으로 스핑크스 앞에 '꿈의 비문'이라는 비석을 세웠단다. 지금은 스핑크스 앞으로 가지 못하게 되어 있어서 비석의 전체 모습을 볼 수 없지만 반 정도는 보이지. 나야, 심심하면 비석에 가서 꼬리로 먼지를 탈탈 털어 주기도 하지만 말이야.

　🙎 자, 멋진 설명을 해 준 당나귀와 핑크 고양이에게 울음소리를 내서 보답하자. 야옹! 허헝헝! 스핑크스에 관해서 쇠똥구리가 조금 더 설명을 해 주렴. 아까부터 말하고 싶어 자꾸 들썩이는 것을 내가 봤거든.

　🪲 야호! 선생님은 정말 멋져요! 애들아, 스핑크스를 보면 코가 떨어져 나가고 없는데 나폴레옹 군대가 대포로 쏴서 그렇다고 하는 사람들이 있더라고. 하지만 나폴레옹은 고대 유물을 중요하게 생각하던 사람이라 그러지는 않았을 것이라고 해. 오스만 투르크 군대가

이집트를 정복했을 때 스핑크스를 두려워했대. 자신들을 위협하는 존재로 생각한 것이지. 그 사람들은 코로 생명이 들어가고 나온다고 믿었기 때문에 코를 없애 버리면 생명이 끊긴다고 여겼어. 그래서 스핑크스의 코가 없어졌다는 설이 가장 믿을 만하대.

코가 떨어져 나간 스핑크스

애들아, 5년 전에 내가 이곳을 방문했었다고 했지? 그때 한 차례 약한 비가 내리더니 파란 하늘에 무지개가 떴단다. 스핑크스 뒤로 무지개가 머리띠처럼 둘러졌는데 정말 아름다워서 연거푸 감탄을 했지.

그런데 5년 전과 지금은 상황이 많이 달라졌어. 그때는 스핑크스 앞으로 갈 수도 있었고, 쿠푸 왕의 피라미드 안에도 사람 수를 제한하지 않고 들어갔을 뿐 아니라 입장료도 받지 않았지. 이집트 사람들이 문화재를 더욱 아끼게 된 것 같아 좋긴 하지만 가는 곳마다 돈을 요구하는 일은 왠지 씁쓸한 생각이 드네. 다시 이집트에 온다면 그땐 또 어떻게 달라질지 궁금해.

자, 이제 고왕국을 떠나 중왕국 시대로 가자!

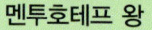 기원전 2061~2010년경
멘투호테프 왕

1660년경
힉소스 인 침략

 말이 처음으로 들어옴

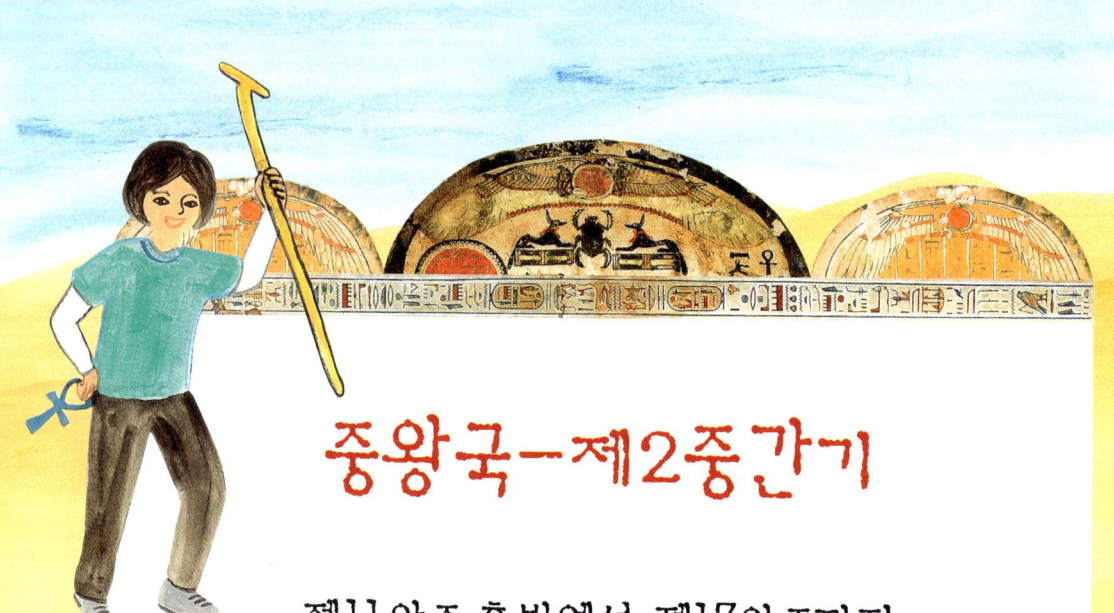

중왕국-제2중간기

제11왕조 후반에서 제17왕조까지

(기원전 2040년경-힉소스 강점기)

고왕국이 끝나고 혼란스러운 제1중간기를 지나 중왕국이 시작되었어.

중왕국 시대 이집트는 고왕국의 영광을 회복했단다.

하지만 곧 제2중간기가 왔지. 제2중간기는 힉소스 인들이

이집트에 쳐들어와 새로운 왕조를 세운 시기야. 이집트는 최초로

이민족의 지배를 받게 되었지. 하지만 끈질긴 노력 끝에 해방을 맞이했어.

이집트 역사의 아픈 시간 속으로 한번 들어가 보자.

 말이 끄는 전차

 1650~1550년경
세케넨라 2세

기원전2040년경~힉소스 강점기

힉소스 인이
이집트에 말과 전차를
전해 주었대

 제1중간기와 중왕국 시대, 그리고 이집트에 온 힉소스 인들에 대해선 멤파리가 말해 주렴. 내 머리 위에서 계속 붕붕 소리를 내는 것을 보니, 말하고 싶다는 뜻이지?

붕붕, 붕붕. 선생님, 고마워요! 제 마음을 어떻게 그리 잘 아세요? 제가 아이들을 좋아하는 만큼 더 열심히 설명할게요.

애들아, 찬란했던 고왕국 시대가 제8왕조로 끝나고 제1중간기가 시작했단다. 중간기란 다른 나라에 정복당하거나 통일 왕국이 아니었던 때를 말해. 그리고 제1중간기가 지나고 중왕국 시대가 열렸지.

중왕국 시대인 기원전 1660년경 이집트에 쳐들어온 힉소스 인들은 약 108년간 이집트를 지배했어. 힉소스는 이집트 어로 '외국 땅의 통치자들'이란 뜻이야.

힉소스 인들이 오기 전 이집트에는 말이 없었단다. 지금도 곳곳에서 당나귀를 많이 볼 수 있는데, 당시 이집트 사람들은 당나귀와 다른 말을 아주 신기한 눈으로 쳐다봤어. 말은 빨리 달릴 수 있어서 전쟁에서도 큰 역할을 했지. 힉소스 인들은 말이 끄는 전차를 앞세웠을 뿐 아니라 철기 무기까지 사용해 순식간에 상 이집트의 헤라클레오폴리스를 점령하고 멤피스마저 차지했단다. 결국 힉소스 인들은 제15, 16왕조를 열고 자신들이 파라오가 되었지. 그들은 이집트의 전통을 그대로 이어받았지만, 세케넨라 2세가 제17왕조를 세우며 해방 전쟁을 일으켰어. 하지만 세케넨라 2세는 전쟁 도중 죽고 말았지.

잠깐, 내가 이집트 박물관에 보관되어 있는 세케넨라 2세의 미라를 봤는데 도끼 같은 흉기로 맞아 두개골이 깨져 있는 그대로였단다.

이집트에 쳐들어온 힉소스 인들

얼굴 역시 다른 미라와 달리 칼에 찍힌 자국으로 가득했어. 40살에 죽은 그의 이빨은 아직도 그대로 남아 있고 머리카락도 많이 남아 있었지. 이집트의 해방을 위해 더 살고 싶은 바람을 머리카락이 말해 주는 것 같았어.

이집트 박물관 2층에서 반 층 올라가면 '미라 박물관'이 있는데 이곳은 별도의 입장료를 내야 한단다. 입장료가 싼 편은 아니지만 꼭 보라고 권하고 싶어. 한때 이집트를 지배하고 후세에 길이 남을 건축물을 만든 파라오들이 미라가 되어 우리에게 말을 건네는데 저마다 다른 느낌을 주거든.

하트셉수트 여왕의 미라는 다른 미라에 비해 키는 작지만 얼굴에 광대뼈가 나와서 그런지 조금 강한 인상을 주었지. 가장 인상적이었던 미라는 람세스 2세란다. 매부리코에 광대뼈가 튀어나왔고 머리가 노랬는데, 머리를 맥주로 염색했기 때문에 색깔이 변한 것이래. 그의 미라는 약 30년 전에 한국에 한 번 온 적이 있어. 그때 속눈썹이 그대로 있는 것을 보고는 깜짝 놀랐었지. 눈을 뜨면서 말을 걸 것 같은 착각이 들 정도였거든.

세케넨라 2세, 하트셉수트 여왕, 람세스 2세, 메르넵타의 미라

이외에도 미라 박물관에는 이집트의 나폴레옹이라 불리는 투트모세 3세와 꿈의 비문을 세운 투트모세 4세, 람세스 2세의 열세 번째 아들인 메르네프타의 미라도 있어.

선생님, 소름 끼쳐요! 이미 죽은 사람들을 보는 것은 끔찍한 일이잖아요? 그것을 굳이 돈을 내고 봐야 하나요?

물론 끔찍하다고 생각할 수도 있는데 내 경우엔 미라를 보면서 많은 생각을 하게 되었단다. '고대 이집트에서 최고의 권력을 가졌던 파라오들은 자신들이 바라던 대로 신이 되었을까?', '죽음 후의 삶을 위해 엄청난 건물들을 지었는데 그들이 그 힘을 백성을 위해 사용했다면 이집트는 어떻게 되었을까?' 하는 생각 말이야. 그러면서 한 나라나 사회, 단체를 이끌어 가는 지도자들이 어떻게 살아야 할지 생각해 보았단다. 쇠똥구리가 역사에 대해 조금 더 설명해 주면 좋겠다.

다시 세케넨라 2세 이야기로 넘어갈게. 결국 세케넨라의 아들 카모세스가 제17왕조의 뒤를 이었어. 하지만 카모세스는 왕위에 오른 지 3년 만에 죽고, 그의 동생인 아흐모세가 강력한 이집트를 만들며 제18왕조를 세웠단다.

설명을 해 준 멤파리와 쇠똥구리에게 힘찬 박수를 보내자.
이제 신왕국 시대로 떠나 볼까?

| 오벨리스크 | 하트셉수트 여왕 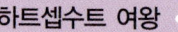 기원전 1473~1458년경 | 멤논의 거상 아멘호테프 3세 시기 |

신왕국

제18왕조 (기원전 1550-1307년경)

신왕국 시대에 들어서면서 이집트는 점차 강성해진단다.

왕들은 큰 신전을 짓고 자신의 무덤을 만드는 일에 열심이었지.

신왕국 시대에는 유명한 왕들이 참 많아.

널리 알려진 투탕카멘이나 남장을 한 하트셉수트 여왕,

아톤으로 이집트의 신들을 통일시킨 아크나톤 왕 등이

모두 신왕국 시대의 사람들이란다. 이제 그들을 만나 볼까?

 1353~1335년경
아크나톤 왕

 아크나톤 왕의 부인
네페르티티 왕비

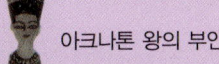 1333~1323년경
투탕카멘

기원전 1550-1307년경

멋진 왕이 많았던 신왕국 시대

🙋 기자의 바람, 핑크 고양이가 지루한지 하품을 쩍쩍 하네. 너희에게도 말할 기회를 줄게. 아, 핑크 고양이는 나를 따라올 수 없으니까 여기서 헤어져야겠구나! 정말 안타깝다!

🙋🙋 선생님, 잘생긴 핑크 고양이와 헤어지기 싫어요. 데려가면 안 되나요?

🐱 야옹! 저도 따라가고 싶어요!

🙋 아쉽지만 그렇게 할 수는 없어. 이집트는 가는 곳마다 검색을 하기 때문에 고양이를 데려가는 것은 힘든 일이야. 정말 서운하지만 설명할 수 있는 마지막 기회를 줄게.

🐱 선생님, 고마워요. 마지막 힘을 다해 친구들에게 설명해 줄게요.

친구들아, 상 이집트의 테베 지역에서 일어난 제17왕조가 힉소스를 내쫓은 것은 이미 들었지? 그 뒤 제18왕조는 이집트를 통일해 마침내 혼란스러웠던 제2중간기를 끝냈단다. 그리고 제18왕조부터 제20왕조로 이어지는 약 500년간을 신왕국 시대라고 해.

고왕국 시대의 주인공이 피라미드와 스핑크스 같은 돌이었다면 신왕국 시대의 주인공은 사람이라고 할 수 있어. 이집트의 왕 하면 가장 먼저 떠오르는 소년 왕 투탕카멘이나 남장을 한 하트셉수트 여왕, 이집트 최고의 미인인 네페르티티 왕비가 다 신왕국 시대의 사람들이기 때문이지. 그뿐 아니라 이집트의 수많은 신들을 '아톤' 하나로 통일한 아크나톤 왕 역시 신왕국 시대의 사람이란다.

내가 이렇게 이집트 역사를 잘 알고 있다고 해서 이집트의 모든 고양이들이 다 똑똑한 것은 아니야. 스핑크스에서 살다 보니 역사를 잘 아는 고양이가 된 것뿐이지. 내 이야기를 잘 들어 준 친구들, 모두 안녕!

👩 핑크 고양이야, 이집트를 다시 찾는 날까지 부디 건강하렴!
자, 이제 기자의 바람에게도 기회를 줄게.

🐦 아, 역시 조성자 선생님은 멋져요! 키는 작지만 생각은 정말 크시다고요!

애들아, 신왕국 시대에 들어서면서 이집트는 농사도 번성하고 점차 나라가 강성해진단다. 그래서 파라오는 큰 왕국과 신전을 짓고 자신의 무덤을 만드는 일에 여념이 없었어. 신왕국 시대의 파라오들은 테베,

지금의 룩소르를 수도로 삼았단다.

 나일 강을 중심으로 동쪽은 살아 있는 자의 도시, 서쪽은 죽은 자의 도시였지. 동쪽엔 카르나크 신전과 룩소르 신전을 세웠고, 왕가의 최고 신인 아몬 라 신앙의 중심지가 되었어. 서쪽은 왕족과 귀족들이 일대에 무덤을 만들면서 무덤의 도시인 네크로폴리스가 만들어졌지. 그러면서 고왕국 시대의 피라미드는 사라지고 대신 '암굴 묘'가 등장한단다.

 암굴 묘는 바위 사이에 동굴을 파고 그 속에 미라와 물건을 매장하는 것을 말해. 그런데 우리가 생각하는 보통 동굴이 아니라 몇 십 미터나 되는 긴 동굴이야. 람세스 2세의 아버지인 세티 1세의 무덤은 총길이가 150미터나 된대.

바위 사이에 암굴 묘를 만드는 모습

🧑 역시 이집트에 사는 바람이라서 그런지 이집트 유적에 대해 잘 아는구나! 날 칭찬해 주어서 너를 칭찬하는 것은 아니야. 진심이야!

자, 다음은 모든 사람들이 가장 궁금하게 여기는 이집트의 여왕 하트셉수트에 대해 멤파리, 네가 우리 친구들에게 알려 주렴.

🪰 붕붕! 정말 고마워요, 선생님! 선생님이 "그리스에는 나비와 벌이 많았는데 이집트에는 파리가 많네."라고 혼잣말하는 것을 들었어요. 그건 이집트에 우리 먹이가 많기 때문이에요. 카이로 시내를 조금만 벗어나면 낙타와 당나귀가 눈 똥들이 거리거리마다 가득하거든요.

어떤 사람들이 이집트는 과거와 현재가 동시에 존재하는 곳이라고 하는데 그 말이 맞는 것 같아요. 카이로 시내에서 우뚝 솟은 피라미드가 보이고, 거리 주변에는 고대 유물들이 가득하고, 또 카이로만 벗어나면 자동차와 당나귀가 함께 다니니까요.

친구들, 내 얘기가 너무 길었지? 이제 하트셉수트 여왕에 대해 말해 줄게.

제18왕조의 세 번째 왕은 투트모세 1세란다. 투트모세 1세와 왕비 아하메스 사이에 태어난 첫째 딸이 바로 하트셉수트야. 투트모세 1세는 자신의 후계자로 투트모세 2세를 지명했지. 투트모세 2세는 왕비가 아닌 여성에게서 낳은 아들이라고 해. 그래서 투트모세 2세는 왕이 되기 위해 하트셉수트와 결혼을 했단다. 이집트는 왕위 계승권이 딸에게 있다고 앞에서 들었지? 그러니까 파라오가 되기 위해서는 왕의 딸과 결혼을 해야 했지.

투트모세 2세는 몸이 약해 왕이 된 지 14년 만에 죽고 말았어. 그다

센무트 대신과 투트모세 3세, 하트셉수트 여왕

음에 왕이 된 사람이 투트모세 3세인데 이 사람이 바로 '이집트의 나폴레옹'이라고 불리는 왕이야. 투트모세 3세는 왕으로 지명되고 나서 투트모세 2세와 하트셉수트 사이에서 태어난 딸 네페르라와 결혼해 왕위를 잇게 되었단다. 이때가 기원전 1479년쯤의 일이야.

그런데 그때 투트모세 3세의 나이는 불과 6살이었지. 그래서 자연스럽게 하트셉수트가 정치를 하게 된 거란다. 하트셉수트는 정치를 아주 잘했대. 주변 나라와 평화적으로 외교를 해서 하트셉수트 여왕이 통치했을 때 이집트는 단 한 번도 전쟁을 치르지 않았단다.

이렇게 나라를 잘 다스릴 수 있었던 것은 '센무트'라는 대신이 있었기 때문이지. 센무트 대신은 원래 하트셉수트 여왕의 딸 네페르라의 가정교사였어. 그러다 대신이 된 것이지. 하트셉수트 여왕은 센무트 대신에게 다이르 알바흐리에 아버지와 자신의 장례 신전을 짓게 했어. 장례 신전은

센무트 대신의 상

장례 의식과 제사를 지내기 위해 만들어진 곳이란다.

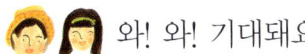 센무트 대신의 상은 이집트 박물관에서 볼 수 있어.
  자, 우리 멤파리에게 두 손을 저어 윙윙 소리를 만들어 주자. 고맙다는 표시로!
  이제 하트셉수트 여왕의 장례 신전을 보러 가자. 햇빛이 강하니까 선크림과 선글라스를 준비하고, 여자 친구들은 얇은 머플러로 머리를 감싸 주도록 하자. 아랍 여자들이 머리에 쓰는 히잡처럼 말이야.

 와! 와! 기대돼요.

기원전 1550-1307년경

하트셉수트 여왕의 장례 신전은 정말 웅장해!

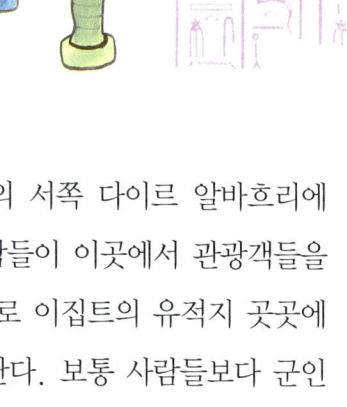

하트셉수트 여왕의 장례 신전은 테베의 서쪽 다이르 알바흐리에 있단다. 십수 년 전에 이슬람 과격 단체 사람들이 이곳에서 관광객들을 총으로 죽이는 사건이 있었어. 그 사건 이후로 이집트의 유적지 곳곳에 군인과 경찰 들이 삼엄하게 경계를 하고 있단다. 보통 사람들보다 군인이나 경찰이 더 많다고 생각하면 맞을 정도야. 내가 묵었던 호텔에도 모든 물건을 검색해야만 들어갈 수 있었어. 기분 나쁠 수도 있지만 관광객을 보호하기 위한 정책이니 이해해야지.

하트셉수트 여왕의 신전은 바위 절벽 아래 암벽을 깎아 만들었는데 지금 남아 있는 신전 중에서 가장 웅장하고 멋지단다.

이곳에 대해서는 다이르 알바흐리의 구름이 말해 주면 좋겠다. 파란 하늘에 떠 있는 구름이 마치 우리를 환영하는 것 같아! 한낮의 태양이 너무 강렬해서 눈을 제대로 뜰 수 없었는데 오늘은 구름이 적당히 하늘

하트셉수트 여왕의 장례 신전

을 가려 주어 고맙기도 하고. 다이르 알바흐리의 구름아, 어떠니?

선생님, 정말 기뻐요! 사실은 기자에서부터 선생님을 둥둥 따라왔어요. 친구들이 설명하는 것을 보고 저에게도 기회가 있을까 싶어 열심히 따라왔지요. 이곳은 제가 좋아하는 장소라 자주 놀러 오거든요.

애들아, 이곳은 거대한 절벽에 둘러싸인, 그야말로 자연적인 장례 신전이란다. 이 신전은 하트셉수트 여왕이 나타나기 약 500년 전 멘투호테프 왕(제11왕조, 재위 기원전 2061-2010년경)이 먼저 장례 신전을 만든 곳이야.

하트셉수트 여왕은 다른 이름을 꽤 많이 갖고 있단다. '최초의 여자 귀족', '아몬이 포옹하는 자', '강력한 생명력을 가진 자' 등의 이름이 있지. 아까 하트셉수트 여왕에 대해서 멤파리에게 들었지? 나는 이곳

장례 신전의 3층 테라스

신전의 모습에 대해 말해 줄게. 조금 따분할 수 있겠지만 너희가 직접 신전을 다니다 보면 내가 한 말이 실감 날 거야. 아쉬운 점은 신전의 벽에 남아 있는 부조(평평한 면에 그림을 도드라지게 새긴 것)나 그림의 형상이 흐릿하다는 것이지.

이곳 1층의 벽에는 오벨리스크를 옮기는 모습을 새겨 놓았단다. 오벨리스크를 만드는 데 쓰이는 거대한 화강암을 가지고 오기 위해 아스완으로 떠난 장인들의 이야기를 담고 있어. 오벨리스크는 고대 이집트에서 태양 숭배의 상징으로 세웠던 거대한 돌기둥이야.

2층에 갈 때는 계단을 이용하는 것보다 옆의 경사로로 가는 것이 숨이 덜 찰 거야. 오른쪽인 북쪽에 '하토르 여신의 신전'이 있어. 그곳 벽에는 지금의 소말리아로 여겨지는 나라 '푼트'와 무역 협정을 하는 장면이 새겨져 있단다. 또 '탄생의 회랑'에서는 하트셉수트 여왕이 어떻게 임신했는지 보여 주지. 아몬 신이 왕의 몸으로 변해 하트셉수트 여왕은 임신을 하게 된단다.

3층은 '지성소'로 절벽을 깎아서 만들었어. 절벽 가운데에 움푹 들어간 작은 신전을 볼 수 있지. 신전의 기둥들은 하토르식 기둥이라고, 암소 귀가 달린 여성의 머리로 되어 있단다. 그런데 작은 신전은 아직 일반인들에게는 공개되지 않았어.

이곳을 뒤로하고 내려오면 오시리스의 모습을 한 하트셉수트 여왕의 상을 볼 수 있어. 오시리스는 남자 신이지만 하트셉수트 여왕의 얼굴을 하고 있어선지 아주 여성스럽게 보이지.

구름에게 손을 흔들어 주자. 구름 그림자 덕분에 시원하게 설명을 들을 수 있었지? 자, 이제 왕들의 계곡으로 가자.

장례 신전의 지성소와 벽화의 모습

기원전 1550-1307년경

왕들의 계곡엔 나무 한 그루도 없네!

처음 '왕들의 계곡'을 간다고 했을 때 난 숲이 우거진 계곡을 상상했단다. 물론 이집트에는 나일 강 주변을 제외하면 숲이 없지. 그런데도 숲을 상상한 것은 계곡이라는 말 때문이야.

차를 타고 사막 지대로 들어가면 붉은빛이 도는 민둥산이 나오는데, 거기가 바로 왕들의 계곡이란다.

파라오들은 왕으로 즉위하면 그때부터 자신의 무덤을 만들기 시작했어. 왕들은 바위를 뚫고 만든 이곳에 자신이 죽어서 쓸 부장품들과 노예 인형 샤부티를 함께 묻었지. 이렇게 깊숙하고 은밀한 곳에 무덤을 만들었으니 도굴꾼들이 전혀 없을 것이라고 생각했지만 그 예상은 빗나가고 말았단다. 모든 왕들의 무덤은 도굴꾼들에게 파헤쳐지고 투탕카멘의 무덤만 온전하게 남아 있지.

전에 왔을 때는 카메라를 들고 무덤에 들어갈 수 있었는데 이번에는

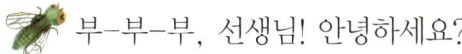
왕들의 계곡 입구

많은 것들이 엄격하게 제한되었어. 차도 계곡이 시작되는 입구 주차장에 세워 놓고 코끼리 열차를 타고 움직여야 했단다.

왕들의 계곡은 신왕국 파라오들의 마지막 거처였어. 아멘호테프 1세가 이 계곡을 선택했지만 그는 이곳에 매장되지 못했고, 투트모세 1세(제18왕조, 재위 기원전 1504-1492년경)가 최초의 거주자란다. 그리고 마지막으로 묻힌 왕은 람세스 11세(제20왕조, 재위 기원전 1100-1070년경)야.

이 계곡에서 1922년 하워드 카터가 투탕카멘의 무덤을 발굴했어. 모든 왕들의 무덤에 들어갈 수는 없으니, 투탕카멘 무덤과 가장 길고 큰 세티 1세의 무덤에 들어가 보도록 하자.

부-부-부, 선생님! 안녕하세요?

무덤을 장식하는 예술가와 장인들

🙂 아, 초록 파리! 네가 나를 불렀구나. 내가 람세스 3세의 무덤에 들어갈 때 내 앞에서 계속 부푸 소리를 내며 날아다녔지? 내 공책에 가만히 앉아 두 발을 비비는 네 날개 색이 아주 예쁘더라고. 나는 초록색을 무척 좋아하거든. 이 무덤에 대해선 네가 설명해 주면 좋겠구나.

🪰 선생님, 정말 고마워요. 일부러 선생님의 공책에 앉았어요. 선생님과 눈을 마주치려고요. 그때 이미 저에게 이렇게 귀한 기회가 올 줄 알았지요.

애들아, 반가워. 가장 처음 왕들의 계곡에 묻힌 왕이 투트모세 1세라는 건 아까 선생님에게 들었지? 신왕국 때의 왕들은 왕들의 계곡에 자신의 무덤을 만들고, 장례 신전은 왕들의 계곡이 있는 바위산 동쪽에 세웠단다. 무덤은 왕이 죽은 후 하게 될 여행을 보여 주는 그림과 여행

세티 1세 무덤 안의 모습

을 돕기 위해 그려진 벽화들로 되어 있어. 예술가와 장인 등 60명 정도가 한 팀이 되어 무덤을 장식했지. 이곳에 있는 무덤들은 비슷한 건축 양식으로 지어졌지만 어떤 무덤에도 똑같은 그림은 없단다.

현재 62개의 무덤이 발견되었고 발견된 순서에 따라 왕들의 계곡 지도에 번호가 쓰여 있어.

자, 우선 세티 1세의 무덤에 들어가 보자. 세티 1세의 무덤은 17번이란다.

무덤에 함께 묻힌 부장품들

세티 1세의 무덤은 정교하게 조각된 얇은 부조와 금박 그림으로 꾸며져 있어. 조성자 선생님이 세티 1세의 무덤에

99

대영박물관에 있는 샤부티

들어가면서 "아, 정말 아름답다! 무덤 안이 이렇게 아름답다니!" 하고 감탄하는 소리를 들었단다. 천장에는 하늘의 모습과 죽은 후의 세계를 안내하는 '사자의 서'가 그려져 있어.

끼어들어서 미안해! 루브르 박물관에는 세티 1세가 하토르 여신과 손을 맞잡고 있는 그림이 있는데, 하토르 여신이 세티 1세에게 다시 살아나는 것을 의미하는 목걸이를 건네는 모습이야. 얇은 옷 덕분에 세티 1세와 하토르 여신의 몸 윤곽이 아름답게 드러나지. 재미있는 것은 하토르 여신의 치마에 쓰여 있는 많은 글씨가 모두 세티 1세의 이름과 관직이라는 점이란다.

세티 1세와 하토르 여신 그림

초록 파리야, 여기까지 왔는데 투탕카멘 왕의 무덤을 그냥 지나칠 수는 없잖니. 우리 친구들에게 투탕카멘 왕의 무덤도 안내해 주렴.

참! 얘들아, 투탕카멘 왕의

무덤은 별도의 입장료를 내야 한단다. 다른 왕들의 무덤에 비해서 들어가는 복도가 짧아 "어, 벌써 다 왔나?" 할 정도로 수수하지만 워낙 유명한 곳이라 입장료를 따로 받아. 그래도 구경할 가치가 있는 곳이야.

애들아, 나를 따라오렴.

개구 의식

람세스 3세의 무덤에서 아래로 내려가면 왼쪽에 투탕카멘 왕의 무덤이 보여. 입구에서 조금만 내려가면 바로 석관이 나타나고 맞은편에 투탕카멘 왕의 미라가 보인단다.

이 무덤은 다른 무덤에 비해 작은 편이지만 벽에 그려진 '개구 의식(입을 여는 의식)' 그림으로 아주 유명해. 정면 벽에 투탕카멘에 이어 왕이 되는 아이 왕이 손도끼로 미라의 입을 여는 모습이 그려져 있거든. 미라를 만든 후 하는 개구 의식은 아주 중요해. 이렇게 해야 죽은 자가 영원히 살 수 있다고 믿었기 때문이야. 투탕카멘은 생명의 열쇠를 쥐고 있고, 왼쪽 끝에는 오시리스가 서 있단다. 그 위에는 고대 이집트 사람들이 신성하게 여기던 원숭이, 바분 12마리가 신을 찬양하며 힘차게 손뼉을 치고 있어.

초록 파리에게 손뼉을 쳐 주자. 남은 이야기는 쇠똥구리에게 들어 볼까? 기회를 주지 않으면 자꾸 날개를 움직여서 신경이 쓰이거든.

헤헤, 일부러 그런 것이에요. 선생님의 관심을 끌려고요.

애들아, 왕들의 계곡을 내려오면 그곳에서 일했던 노동자들의 무덤이 보이는데 거기에 '구르나 마을'이 있단다.

구르나 마을 사람들은 왕의 무덤을 파헤쳐서는 귀한 물건들을 팔아 살았다고 해.

왕들의 계곡에서 남서쪽으로 1.5킬로미터에 위치한 '여왕들의 계곡'은 테베의 가장 남쪽이란다. 왕들의 계곡은 다가가기 힘들고 비밀스러운 장소인

무덤을 파헤치는 도굴꾼들

반면, 여왕들의 계곡은 그렇지 않았어. 그래서 도굴꾼들이 무덤을 많이 약탈했지.

그곳엔 약 90개의 무덤이 있는데 람세스 2세의 왕비인 네페르타리의 무덤도 있으니 한번 가 볼 만한 곳이야. 또한 귀족들의 무덤도 있어서 볼거리가 꽤 되지.

고왕국 시대 귀족들의 무덤은 마스타바 형식으로 만들어져 크고 넓었지만 신왕국 시대의 무덤은 그다지 크지 않단다. 한두 사람만 겨우 들어갈 만큼 좁은 곳도 있어. 하지만 보존이 잘 되어서 멋진 그림들을 볼 수 있지.

내가 왕들의 계곡에서 느낀 점인데, 한때 왕으로, 왕비로, 귀족으로 살면서 그들은 일생 동안 무덤 만들기에 너무 많은 시간을 소비했던 것

네페르타리 왕비의 무덤 벽화   여왕들의 계곡 모습

같아. 물론 죽고 난 후의 삶을 믿었기 때문에 이런 일을 했겠지만 무덤 만드는 시간에 더 유익한 일을 했으면 어땠을까 하는 생각이 들더라고.

🙂 와, 쇠똥구리가 제법 생각을 많이 했네!

자, 이제 이집트의 나폴레옹이라고 알려진 투트모세 3세에 대해 알아보자.

> 기원전 1550-1307년경

이집트의 나폴레옹 투트모세 3세를 만나자!

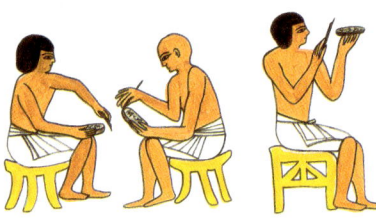

🔹 선생님, 이번엔 저에게 기회를 주세요. 전 정말 투트모세 3세를 좋아하거든요.

 좋아! 구름, 네가 우리 친구들에게 설명해 주렴.

🔹 투트모세 3세는 하트셉수트 여왕과 공동 통치를 했던 이집트의 왕이야. 그는 하트셉수트 여왕이 죽은 후에 신전에 새겨진 여왕의 얼굴과 이름을 모조리 없애려고 했단다. 수도 테베 지역은 물론이고 남쪽 누비아 지방까지 모두 말이야. 확실하지는 않지만 자신의 장모인 하트셉수트 여왕에게 따돌림을 당한 한이 쌓여서 그런 것이 아닐까 해. 이웃 나라들과 평화롭게 지낸 하트셉수트 여왕과 달리, 투트모세 3세는 전쟁을 선포했어. 하지만 그가 전쟁광이기만 한 것은 아니었대.

자신의 카르투슈를 조각하게 하는 알렉산드로스 대왕

시리아 원정 때에는 진기한 동식물을 채집해 가져왔단다. 카르나크 신전에 있는 투트모세 3세의 신전에는 동식물이 그려진 벽화가 남아 있는데 지금은 '투트모세 3세의 식물원'으로 알려져 관광지가 되었지.

그래서일까? 알렉산드로스 대왕(우리가 흔히 알렉산더 대왕이라고 부르는데 정식 명칭은 알렉산드로스 대왕이란다)은 투트모세 3세를 가장 존경했대. 그는 부서진 카르나크 신전의 방을 고치면서, 투트모세 3세의 카르투슈와 함께 자신의 카르투슈를 조각하게 하기도 했지(카르투슈란 파라오의 이름 주위를 둘러싼 곡선의 테두리 장식이야). 이것만 보더라도 그가 얼마나 투트모세 3세를 존경했는지 알 수 있겠지? 그런데 아쉽게도 투트모세 3세 이후부터 이집트의 국력은 기울어졌단다.

우아! 멋지게 설명을 한 구름에게 함성을 질러서 보답을 해 주자.

 와! 와!

기원전 1550-1307년경

소리 내며 울었던
아멘호테프 3세 석상

🙍 하트셉수트 여왕의 장례 신전을 뒤로하고 차로 약 10분 정도 달리면 너른 들판에 2개의 커다란 상이 보인단다. 그 상이 바로 '멤논의 거상'이야. 무지 큰 돌로 만들어서 거상이라고 부르지. 원래 이곳은 신왕국 시대의 아멘호테프 3세가 자신의 장례 신전을 세운 곳인데 신전은 허물어지고 커다란 석상만 남아 있어.

🦢 꾸욱 꾸꾸. 선생님, 안녕하세요? 전 멤논의 거상 속에 살고 있는 회색 비둘기예요. 유명한 돌덩이 속에 사는 것이 미안하지만 저에게는 아주 편한 집이랍니다. 아멘호테프 3세에 대해 친구들에게 설명할 기회를 주면 미안함을 조금 덜 수 있을 것 같아요.

🙍 그래, 네가 설명해 주렴.

멤논의 거상

🐥 애들아, 아멘호테프 3세는 제18왕조 파라오 중 한 사람이란다. 기원전 1391년경 테베를 수도로 삼고, 테베의 신 아몬과 그의 아내 무트를 위한 신전과 자신의 장례 신전을 테베 서쪽에 있는 평원에 세웠지. 그리고 장례 신전이 내려다보이는 곳에 높이가 자그마치 17미터나 되는 멤논의 거상을 세웠어.

하지만 아멘호테프 3세는 나라를 다스리는 것을 소홀히 해서 제18왕조를 멸망으로 이끈 장본인이야. 그는 나라 안의 미녀를 다 끌어모은 데다 외국의 예쁜 여자까지 불러들였대. 그의 아들 아크나톤(아멘호테프 4세)의 왕비 네페르티티도 사실은 아멘호테프 3세의 부인이었다고 해. 나이 차이가 엄청났는데도 그녀를 부인으로 맞이했다고 하는구나. 그리고 맛난 음식을 너무 좋아해서 치아가 썩어 고름이 나오는 병에 걸리고 말았어. 나중엔 머리가 이상해져서 죽었대.

흥청망청 놀고 있는 아멘호테프 3세

 그래도 그는 카르나크 신전에 제3탑문을 건설하고 룩소르 신전 건물의 반 정도를 세웠단다. 그의 능력이 뛰어나서라기보다는 똑똑한 신하 '하프의 아들 아멘호테프'라는 재상의 덕을 톡톡히 보았기 때문이지.

 끼어들어서 미안해! 하프의 아들 아멘호테프는 이집트의 4대 현인 중 한 사람이야. 이집트의 4대 현인은 최초의 피라미드를 세운 조세르 왕의 재상 임호텝, 쿠푸 왕의 재상 헤몬, 하프의 아들 아멘호테프, 그리고 람세스 2세의 제4왕자 케무아세트란다. 이 사람들이 나랏일을 잘 돌봐서 그 시대의 왕조가 모두 크게 번영했지.
 비둘기야, 마저 설명해 주렴.

 멤논의 거상에는 얽힌 이야기들이 몇 개 있어.

서기 130년 로마의 황제 하드리아누스는 황후 사비나와 함께 이집트로 여행을 왔어. 하드리아누스는 고대 로마의 현명한 다섯 황제 중 하나야. 로마에 전쟁의 북소리를 그치게 한 왕이란다. 그는 테베 서쪽에 있는 평원에 막사를 치고 잠이 들었어. 그런데 새벽에 이상한 소리를 들었지. 황후 역시 괴상한 소리를 듣고 잠이 깼어. 거인이 우는 소리 같기도 하고 징 소리 같기도 했지. 하드리아누스 황제는 왜 저런 소리가 나는지 그 까닭을 물었단다.

괴상한 소리에 잠에서 깬 하드리아누스 황제

 잠깐! 선생님, 제가 그 까닭을 친구들에게 얘기해 주고 싶어요.

그래! 네가 설명할 동안 네 그림자 속에서 시원하겠구나!

 기원전 27년에 이집트를 강타했던 지진으로 석상 윗부분이 많이 부서지고 말았어. 지진 후 바로 복구했지만 원래의 모습처럼 되지는 않았지. 그 뒤 새벽이면 두 석상은 괴상한 소리를 냈는데, 조사한 바로는 공기 차이 때문에 소리가 난 것이래. 그런데 그 울음소리를 지금은 들을 수 없어. 서기 199년에 로마의 황제 셉티무스 세르베루스가 복원한다고 만져서 더 이상 소리를 내지 않는대.

109

🕊 선생님, 그다음은 제가 설명해 주고 싶어요. 우리 친구들과 앞으로 한참 못 만날 것 같아서요.

👩 맞아! 너의 집이 여기라 멀리 갈 수 없겠구나. 네가 마무리를 해 주렴.

🕊 애들아, 두 석상 중에서 북쪽에 있는 것은, 《오디세이아》의 작가 호메로스의 시에 나오는 멤논 장군을 표현한 것이라고 하여 나중에 '멤논의 거상'이라는 이름을 가지게 되었단다. 멤논 장군은 트로이 전쟁 때 그리스의 장군 아킬레스에게 죽은 에티오피아의 왕이야.

내가 한 말을 생각하면서 다시 한 번 석상을 찬찬히 살펴보렴. 알면 관심을 갖게 되고, 관심을 갖게 되면 사랑하게 되지. 그러면 동상의 모습이 이전과 다르게 보일 거야. 또한 내 모습도 다르게 보일 테고. 푸푸!

아킬레스에게 죽임을 당하는 멤논 장군

👩 멋진 마무리를 해 준 비둘기에게 손을 흔들어 인사하자.

기원전 1550-1307년경

아크나톤 왕은 왕비와 함께 산책도 했지

🙂 드디어 아크나톤 왕이 등장했네! '아크나톤'이라는 이름은 아멘호테프 4세가 이집트 신앙을 아톤 신앙으로 바꾼 뒤 스스로 붙인 이름이란다. 앞으로는 헷갈릴 수 있으니까 아크나톤이라고 부르자.

🪰 선생님, 저는 정말 아크나톤을 좋아해요. 제 이름을 아파리로 할 걸 그랬나 봐요!

🙂 멤파리, 아까는 임호텝을 좋아한다고 하더니 아크나톤 왕도 좋아한다고? 앞으로 네가 좋아하는 인물이 얼마나 나올지 궁금해지네. 여하튼 너에게 설명할 기회를 줄게.

🪰 그럼 제 이름을 멤임아파리라고 할까 봐요, 큭큭.

111

아톤 신을 섬기는 아크나톤 왕

애들아, 아크나톤 왕은 아멘호테프 3세와 미탄니란 나라에서 온 왕비 티티 사이에서 태어났단다. 아멘호테프 3세가 나라를 다스렸던 말기에는 왕가와 아몬 라 신의 사제들 사이가 좋지 않았어. 병으로 누워 있던 아멘호테프 3세가 이집트의 신이 아닌 미탄니의 신에게 병을 고쳐 달라고 기도했기 때문이야. 아크나톤 왕은 어릴 때부터 아몬 라 신의 사제들이 지나치게 나랏일에 참견하고 큰 세력을 이루고 있는 것을 보고 자신도 모르게 미움을 키웠던 것 같아.

그는 왕이 되자마자 바로 아톤 신을 섬기기로 선포했지. 아톤 신은 태양의 원반으로 표시되고 저녁 해를 상징하는 신이었어. 지방의 신에 불과했던 아톤 신이 아크나톤 왕에 의해 이집트의 통일된 신으로 떠오르게 된 거야. 결국 카르나크 신전에도 아톤 신의 신전이 세워지게 되었단다.

또 자신의 이름도 아멘호테프 4세에서 '아톤 신이 만족해하는 자' 라는 뜻의 아크나톤으로 바꾸었지. 그 뒤 그는 테베에서 북쪽으로 약 300킬로미터 떨어진 텔 엘 아마르나 지역으로 수도를 옮기고 '아케트 아톤' 이라는 새 이름을 붙였어. 그리고 왕비 네페르티티와 함께 그곳에서 살았단다.

아크나톤 왕은 세상일에는 관심이 없었대. 자유, 평등, 평화를 추구하고, 사물을 있는 그대로 보고, 자유롭게 생각하고 표현할 수 있는 사회를 꿈꾸었단다. 그래서 자연주의와 사실주의 정신이 강조된 '아마르나 예술'이 꽃피우게 되지. 아마르나 예술의 최고 걸작품 중 하나는 네페르티티 왕비의 얼굴 조각상이야. 독일 베를린의 달렘 미술관에 전시되어 있는 조각상을 보면 네페르티티 왕비가 빼어난 미인임을 알 수 있지.

내가 처음으로 이집트를 방문했을 때 자그마한 네페르티티 기념 자석을 샀는데 이번엔 큰맘 먹고 그녀의 얼굴이 그려진 목걸이를 샀단다. 언제 봐도 참 아름다운 모습이야.

아크나톤 왕은 딸이 죽었을 때는 울기도 했고, 저녁 무렵에는 왕비와 함께 산책을 하는 등 아주 인간적인 모습을 보여 주었지.

또한 조각상을 보면 이전 왕들과는 아주 다르다는 것을 한눈에 알 수 있단다. 제18왕조 왕의 조각상들은 대개 우아하면서도 강력한 모습으로 표현되었지만 아크나톤 왕은

사이가 좋았던 아크나톤 왕과 네페르티티 왕비

네페르티티 왕비 조각상   아크나톤 왕 조각상

사실에 기초해 자신의 상을 만들게 했어. 두꺼운 입술과 뾰족한 턱, 가는 눈, 홀쭉한 뺨 등 얼굴의 특징이 그대로 드러나 있단다. 루브르 박물관에 있는 아크나톤 왕의 모습은 지금 내가 말한 그대로이지. 이집트 박물관에 있는 그의 모습은 배가 부풀어 올라 조금 이상한 느낌이 들 정도란다.

 아크나톤 왕은 수도를 아케트 아톤으로 옮긴 지 11년쯤 됐을 때 그만 머리가 이상해지는 병에 들어 죽고 말았대.

기원전 1550-1307년경

투탕카멘은 9살에 왕이 되었지

선생님, 저는 선생님이 이집트에 도착했을 때부터 졸졸 따라다녔어요. 저희 같은 바람이나 구름에게 말을 건넬 수 있는 사람은 얼마 안 되거든요. 제가 투탕카멘에 대해 말해 주면 안 될까요?

아, 바람아! 어째 정수리 부분이 시원하다고 느꼈는데 너였구나. 네가 말하면 우리 친구들도 시원해지겠지? 하지만 절대 모래바람은 일으키지 말렴. 내가 이집트 사람들이 옛날부터 먹던 '아에시'라는 빵을 먹었는데 거기서도 모래가 씹히더라고. 어쩌다 한두 번 정도였지만 말이야. 채소를 먹을 때도 몇 번 모래를 씹었지. 이집트 사람들은 당연한 일로 여기더라.

아에시 빵

115

네-에. 정말 조심할게요. 이집트 사람들과 달리 우리 친구들이 모래를 씹으면 놀랄 수 있으니까요.

"이집트의 파라오 중에서 가장 먼저 떠오르는 사람은?"이라고 물으면 많은 사람들이 투탕카멘을 꼽을 거야. 너희 중에도 투탕카멘에 대해 잘 아는 친구가 있겠지? 투탕카멘은 9살에 왕이 되어 18살에 죽었어. 이 책을 읽고 있는 친구들보다 더 어린 나이에 나라를 다스리기 시작해서 9년도 채 못하고 죽었으니 얼마나 안타까운 일이야!

맞아! 우리나라 조선의 왕 중에서는 단종이 12살, 순조가 11살, 고종이 8살에 왕위에 올랐지. 9살이면 투탕카멘도 꽤 어린 나이에 왕이 된 편이야.

얼마 전 투탕카멘이 죽은 원인이 밝혀졌는데 다리 골절과 말라리아로 인한 합병증이래. 그는 발이 기형이라 걸을 때 지팡이를 짚어야 했다고 해. 이런 사실들은 이집트와 이탈리아, 독일 학자들로 구성된 연구팀이 투탕카멘의 미라를 컴퓨터로 촬영을 하는 등 2년여 동안의 연구를 통해 내린 결론이래.

우리는 그를 투탕카멘으로 부르지만 원래는 '투트 앙크 아멘(아멘 신이 생명을 주다)'이라고 해야 맞아 (아멘 신은 아몬 신의 다른 이름이야). 그래도 우리가 잘 알고

9살에 왕위에 오른 투탕카멘

투탕카멘 왕의 황금 마스크

있는 투탕카멘으로 부르기로 하자. 바람아, 끼어들어서 미안해. 마저 이야기해 주렴.

🕊️ 투탕카멘 왕은 사실 무덤을 발견하기 전에는 그다지 알려져 있지 않았어. 하워드 카터가 무덤을 발견한 이후부터 유명해진 것이지. 그 전에는 기록에도 없었다고 해.

투탕카멘 왕의 무덤에는 도굴꾼들이 몇 번 들어온 흔적은 있지만 거의 모든 것들이 그대로 남아 있어서 왕의 무덤에 넣어 둔 물건들이 얼마나 화려한지를 알리는 계기가 되었어.

투탕카멘의 아버지는 아크나톤 왕이라고 알려져 있어. 정확하지 않다고 하는 학자도 있지만. 어쨌든 아크나톤 왕의 부인인 네페르티티 왕비가 투탕카멘을 애지중지했던 것은 확실한 것 같아. 자신의 셋째 딸인 안케센아멘과 결혼시켜 투탕카멘을 왕으로 세운 것을 보면 말이야.

하여튼 투탕카멘이 왕이 되었을 때 사제들은 기다렸다는 듯이 예전의 신들을 모두 부활시켰어.

 설명을 해 준 바람에게 힘찬 박수를 보내자.
자, 하워드 카터에 대해서는 쇠똥구리가 이야기해 주렴. 쇠똥구리가 날개를 파닥이는 것을 봤거든.

 선생님, 역시 멋져요! 말하고 싶어서 입이 근질거렸거든요.

하워드 카터

애들아, 하워드 카터의 아버지는 화가였대. 집이 가난해서 학교를 다니지 못한 카터는 아버지에게 기초적인 그림 교육을 받고 수채화를 그리기 시작했지. 그 재주가 마침내 이집트 기념비에 새겨진 히에로글리프를 베끼는 데 사용되어 이집트로 오게 되었단다. 그는 스스로 히에로글리프를 터득한 뒤, 이집트 문화재청 장관인 마스페로의 눈에 들어 이집트 누비아 지역의 유적 감사관에 임명되었어. 후에 감사관에서 쫓겨나는 등 어려움이 많았지만 결국 영국의 귀족인 카너본 경을 만나 왕들의 계곡을 발굴하다가 마침내 투탕카멘의 무덤을 발견하게 된 것이지.

 투탕카멘 왕의 무덤 안에는 수레국화가 한 다발 있었대. 아마도 어린 왕비가 남편에게 준 마지막 선물이 아니었을까 하고 추측한단다. 이집트 박물관에 가면 수레국화 꽃다발이 전시되어 있는데 푸른 빛깔이 아직도 남아 있어. 투탕카멘의 화려한 황금 마스크나 금으로 만든 어떤 것들보다 내 마음을 가장 크게 움직인 것이 바로 수레국화 꽃다발이었단다. 사랑하는 사람을 잃은 왕비의 마음이 고스란히 담겨 있는 것 같아서야. 쇠똥구리가 할 말이 더 있는 것 같으니까 해 보렴.

수레국화 꽃

너희들은 아마 '투탕카멘의 저주'라는 말을 들어 봤을 거야. 투탕카멘 왕의 무덤을 발견한 사람들 중 왕의 저주를 받아 죽은 사람이 21명에 이른다는 것이지. 하지만 떠도는 소문과는 달리 하워드 카터는 살 만큼 살다 죽었고, 카너본 경은 병으로 죽었고, 다른 사람들은 나이가 많거나 원래 병이 있었대.

투탕카멘 왕이 죽은 후엔 누가 왕위를 이을 것인가가 가장 큰 문제였어. 투탕카멘 왕과 안케센아멘 왕비 사이에 자식이 없었기 때문이야. 그래서 투탕카멘 왕의 후견인이자 재상으로 있었던 아이라는 사람이 안케센아멘과 결혼해 왕위에 오르게 되었지.

 람세스 2세	카르나크 신전	 카데슈 전투	네페르타리 왕비
기원전 1290~1224년경		람세스 2세 시기	람세스 2세의 부인

신왕국

제19왕조 (기원전 1307-1196년경)

카르나크 신전이나 룩소르 신전, 아부심벨처럼
고대 이집트의 유명한 유적지들은 람세스 2세 때 지어진 것이 많아.
제19왕조의 왕인 람세스 2세는 이집트의 영토를 넓혔을 뿐 아니라
건축왕으로 불릴 만큼 건축물도 많이 세웠거든.
웅장하고 멋진 신전들의 모습과
이집트 최고의 왕 람세스 2세를 만나러 가자!

 룩소르 신전
 람세스 2세 시기 아부심벨
 람세스 2세 시기 네페르타리 소신전

> 기원전 1307-1196년경

이집트 최고의 왕
람세스 2세를 만나자!

 자, 이제 이집트의 제19왕조에 대해서 알아보자.

 선생님, 제가 설명할게요. 저는 왕에 대해 관심이 많거든요.

애들아, 람세스 1세는 제19왕조를 시작한 왕이야. 그는 나이가 많아서 불과 20개월 동안만 왕위에 있었단다. 그가 죽은 후 세티 1세가 왕이 되었어.

세티 1세는 제19왕조의 기반을 확립한 왕이야. 그는 투트모세 3세를 존경해서 전쟁을 많이 했어. 왕위에 있었던 약 12년 동안 이집트의 옛 영광을 되찾기 위해 군사를 이끌고 나아가 투트모세 3세가 이룬 것만큼은 아니지만 상당한 영토를 회복했대.

또한 건축도 열심이어서 오시리스 신의 성지 아비도스에 큰 신전을 건립하고 최대의 암굴 무덤을 만들었지. 아까 왕들의 계곡에서 초록 파리가 설명했던 무덤 얘기는 모두 기억하고 있지? 나도 옆에서 들었단다.

🧑 우리 쇠똥구리에게 고마움의 표시로 날개를 파닥여 주자. 그리고 이집트 최고의 건축왕인 람세스 2세를 만나러 가자.

👤 얘들아, 안녕! 너희들을 만나서 반가워! 한국 아이들이 나에 대해 관심이 많다는 얘기를 듣고 내가 직접 나왔단다. 카르나크 신전에도 한국 아이들의 목소리가 많이 들리더라고. 눈을 반짝 빛내며 안내인의 설명을 듣는 모습이 참 감동 깊었어.

나는 세티 1세의 아들로, 기원전 1290년경에 왕위에 올랐어. 사람들이 나를 이집트 최고의 왕이라고 하는데 조금 쑥스럽구나. 나는 아버지가 넓혀 놓은 영토를 더 크게 확장시켰단다. 특히 히타이트와 벌인 '카데슈 전투' 때문에 더 유명해졌지. 또 사람들은 나를 이집트 최고의 건축왕이라고도 불러. 아부심벨을 비롯해 이집트 곳곳에 세워진 대부분의 건축물을 내가 세운 것이라서 그럴 거야.

나는 운이 좋게도 매우 오래 살아서 67년 동안 왕위에 있을 수 있었어. 내가 얼마나 오래 살았던지 열두 번째 왕자까지는 왕위를 이어 볼 기회도 없었지. 그러다 보니 내 아들딸이 나보다 먼저 죽기도 했어. 참 안타까운 일이야. 자식이 죽으면 가슴에 묻는다고 하는데 나는 많은 자식들을 가슴에 묻었단다. 그런데 난 자식이 참 많아. 100명이 넘어서 이름이 헷갈릴 때가 많았지. 물론 얼굴은 다 기억한단다.

내가 후세에 영웅으로 존경을 받아서인지 제20왕조의 왕들이 람세스라는 이름을 따랐대. 그들은 나와 아무런 핏줄 관계도 없는데 말이야.

자식이 100명이 넘는 람세스 2세

조금 후면 너희는 카르나크 신전과 룩소르 신전을 방문할 텐데 그곳에서 내 모습을 볼 수 있을 거야. 또 내가 세운 아부심벨에서 내 모습을 많이 볼 테니까 손을 흔들어서 알은체해 주렴. 그럼 안녕!

🙂 애들아, 람세스 2세 왕에게 배꼽 인사를 드리자.

내가 처음 이집트를 방문했을 때 사 온 파피루스 그림이 바로 카데슈 전투에 참가한 람세스 2세의 모습이었단다. 파피루스를 액자에 끼워 연구실에 걸어 놓았더니 아이들이 이렇게 묻더라고. "선생님, 람세스 2세는 어떻게 화살을 쏘면서 전차를 몰아요?"라고 말이야. 우리나라 삼국 시대 고구려 사람들 역시 벽화를 통해 말 타면서 활 쏘는 모습을 볼 수 있잖니. 그만큼 전투 기술이 뛰어나고 용맹했다는 증거란다.

자, 이제 테베에 있는 카르나크 신전과 룩소르 신전을 방문해 보자. 너희가 봤던 멤논의 거상에서 차로 20여 분 거리에 카르나크 신전이 있고, 또 거기서 5분 거리에 룩소르 신전이 있단다.

카데슈 전투에서 싸우는 람세스 2세

기원전 1307-1196년경

카르나크 신전은
밤에 더욱 아름답지!

카르나크 신전은 이집트에서 가장 큰 신전으로 약 4천 년의 역사를 갖고 있단다. 카르나크 신전은 지금의 룩소르인 테베에 있어. 처음엔 테베와 룩소르를 아예 다른 도시로 생각해 혼동을 많이 했지. 룩소르는 이집트 사람들은 '와세트(와세트는 고대 이집트 어로 '위대한 서부 지역'이라는 뜻이야)', 그리스 사람들은 '테베'라고 부르고, 이슬람 시대부터 '룩소르'로 불리기 시작했거든.

그리스의 시인 호메로스는 《일리아스》에서 테베를 가리켜 '100개의 문이 있는 곳, 황금이 산처럼 쌓여 있는 곳'이라고 했어. 테베에 직접 와 봐야 그 말을 실감할 수 있단다. 신전이 어찌나 많은지 신전을 들어설 때마다 있는 탑문이 정말 100개도 훨씬 넘겠다는 생각이 들었어.

또 앞에서 살펴본 왕들의 계곡에 있는 무덤에는 황금이 산처럼 쌓여 있었다는 것을 알 수 있지. 투탕카멘의 무덤에도 황금이 넘치는데 투탕카멘보다 더 오래 살고 더 유명한 왕들의 무덤에는 얼마나 많은 황금이 있었겠어!

🐕 멍멍! 선생님, 안녕하세요?

👩 아, 검둥개! 네가 나를 불렀구나.

🐕 선생님이 그리스에 갔을 땐 우리 개들에게 설명할 기회를 많이 줬다고 바람에게 들었어요. 그런데 이집트에서는 좀처럼 기회를 주지 않아서 조금 서운해요. 저는 이 카르나크 신전에서 자그마치 7년을 살았어요. 우리 조상 대대로 여기에 살았지요. 그러니 제가 카르나크 신

카르나크 신전 입구

전에 대해 친구들에게 설명해 주고 싶어요.

 이집트에도 개가 많은데 그리스만큼은 많지 않더구나. 하지만 카르나크는 다른 곳보다 개가 많은 편이더라. 좋아, 네가 설명해 주렴.

멍멍! 정말 고마워요. 얘들아, 안녕!

1979년 유네스코 세계 문화유산으로 지정된 룩소르에는 '아몬 대신전'으로 불리는 카르나크 신전과 룩소르 신전이 있어. 카르나크 신전은 테베의 주신인 아몬과 그의 부인 무트, 그들의 아들 콘스 이렇게 세 신을 위한 신전이란다.

카르나크 신전은 중왕국 제12왕조의 세소트리스 1세 때 처음으로 세워졌단다. 그 뒤 약 2천 년에 걸쳐 투트모세 3세, 하트셉수트 여왕, 아멘호테프 3세, 람세스 2세, 넥타네보 2세, 알렉산드로스 등 많은 왕들이 계속 지어 지금과 같은 웅장하고 멋진 모습의 신전이 되었지. 그러다 보니 카르나크 신전에 들어가면 어디가 어디인지 몰라 길을 잃어버리기 일쑤란다. 나야 이곳에서 태어나고 자라 잘 알지만 처음 방문한 사람들은 이 신전의 웅장함에 눈과 마음을 빼앗겨 길을 잃을 때가 한두 번이 아니야.

카르나크 신전에 들어서기 전 '스핑크스 참배길'을 보게 될 거야. 숫양의 머리를 하고 사자의 몸을 한 스핑크스는 람세스 2세 때 만들어진 것인데 마치 여행객들을 환영하는 것 같지 않니? 이 길은 2킬로미터 떨어진 맞은편 룩소르 신전의 참배길과 이어졌었단다. 지금은 중간에 끊겼지만 말이야. 조금 후 너희는 룩소르 신전에서도 이곳의 참배길과 똑

같은 스핑크스들을 볼 수 있을 거야.

짓다 만 탑문

스핑크스를 지나고 탑문을 지나면 2개의 안마당, 2개의 기둥 홀, 2개의 오벨리스크, 성스러운 연못과 지성소를 차례로 볼 수 있단다. 이집트의 신전은 항상 사각형인데 그것은 완전함을 의미하는 것이래.

첫째 탑문은 높이가 자그마치 40미터나 된단다. 이 문은 후기 왕조 시대의 제30왕조 넥타네보 2세가 세운 것인데 문 뒤쪽에 진흙 더미와 벽돌, 돌 등을 그냥 내버려 두었단다. 페르시아가 쳐들어와 공사를 중단했기 때문이야. 덕분에 이집트의 공사가 어떻게 이루어졌는지 알게 되었지.

선생님, 여기까지만 제가 설명해 주고 싶어요. 말을 너무 많이 했더니 목이 마르네요.

그러렴. 나머지는 멤파리가 설명해 주렴. 아까부터 붕붕 소리를 내더라고.

 붕붕, 정말 고마워요!

애들아, 안마당에는 10개의 기둥이 있고, 신전을 바라보면 왼쪽에 붉

해질녘 카르나크 신전에서

은 화강암으로 만든 람세스 2세의 석상이 보인단다. 그는 왕의 상징인 도리깨와 지팡이를 들고 있고, 발 앞에는 딸 메리트아문이 연꽃을 들고 서 있어. 메리트아문은 람세스 2세와 네페르타리 왕비 사이에서 태어난 딸이야. 이 석상은 나중에 피네젬이라는 대신관이 왕이 되면서 람세스 2세의 이름을 지우고 자신의 이름을 붙여 '피네젬상'이라고도 부른단다.

그다음 너희 입이 쩍 벌어질 정도로 많은 기둥이 서 있는 곳이 나타날 거야. 바로 대다주실이란다. 이곳은 폭이 53미터, 길이가 102미터나 되는 134개의 기둥들이 숲을 이루고 있지. 기둥들 중에는 파스텔 톤 색이 남아 있어 신기한 느낌이 드는 것도 있어. 이 기둥 숲은 신왕국 제18왕조의 아멘호테프 3세 때 시작하여 람세스 2세 때 완성되었단다. 그러니까 람세스 2세를 이집트 건축의 왕이라고 할 만하지?

나는 기둥들의 모습을 넋을 잃고 쳐다보았단다. 머리를 뒤로 젖힌 채 기둥의 머리 장식을 보았지. 나중엔 목이 아플 정도였어. 큰 기둥은 지붕으로 덮여 있었다는데 지금은 흔적만 남아 있어. 대다주실의 벽에는 람세스 2세가 신에게 봉헌(물건을 받들어 바치는 것)하는 모습

카르나크 신전의 대다주실

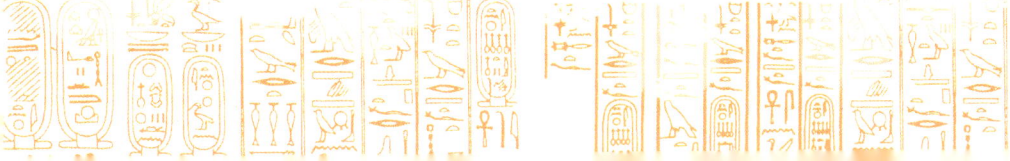

이 새겨져 있단다. 또 투트모세 3세가 열일곱 번에 걸친 해외 원정 때 잡아 온 각 나라의 포로나 식물들을 기록한 벽도 있어.

설명을 해 준 검둥개와 멤파리에게 힘찬 박수를 보내도록 하자. 투트모세 1세의 오벨리스크와 하트셉수트 여왕의 오벨리스크, 신성 호수에 대해서는 누가 설명을 해 줄까?

선생님, 안녕하세요? 저를 기억하세요?

오, 신성 호수에서 목욕하던 새지? 오벨리스크 꼭대기에 앉아 있는 네 사진을 멋지게 찍었는데.

제가 잠깐 앉아서 쉬고 있는데 선생님이 제 사진을 찍더라고요. 그 답례로 친구들에게 제 놀이터인 오벨리스크에 대해 설명해 주고 싶어요. 친구들, 나를 따라오렴.

셋째 탑문과 넷째 탑문 사이에는 투트모세 1세가 만든 높이 23.2미터, 무게 143톤의 오벨리스크가 서 있단다. 투트모세 1세의 오벨리스크는 원래 2개였는데 다른 하나는 로마의 포폴로 광장에 있어. 넷째 탑문과 다섯째 탑문 사이에는 하트셉수트 여왕이 세운 높이 29.6미터, 무게 325톤의 오벨리스크가 서 있단다. 하트셉수트 여왕의 오벨리스크는 세계에서 가장 큰 오벨리스크라고 할 수 있지.

오벨리스크라는 말은 그리스 어로 '사냥 창' 혹은 '작은 쇠꼬챙이'를 뜻한대. 오벨리스크는 아침의 첫 번째 햇빛이 꼭대기 황금 부분

카르나크 신전의 오벨리스크

에 반사되면서 태양신의 위엄을 보여 주는 탑이라고 해.

　전 세계적으로 오벨리스크는 모두 21개가 있고, 그중 4개가 이집트에 있어(무너진 것들까지 합하면 이집트에는 수십 개가 있지만 말이야). 원래 모두 이집트에 있던 것들이지만 이집트를 지배한 나라들이 가져가기도 했고, 이집트에서 다른 나라에 선물로 준 것도 있단다. 자기 나라의 유물이 다른 나라에 가 있는 것을 보면 서글플 것 같아. 미국, 프랑스, 터키, 영국 등 세계 곳곳에 이집트의 오벨리스크가 있는데 볼 때마다 그런 생각이 들더라고.

　자, 이제 신성 호수로 자리를 옮기자. 이곳에 관해서는 쇠똥구리가 설명해 주렴.

신성 호수에서 빨래를 하는 모습

🪲 애들아, 신성 호수는 하트셉수트 여왕의 오벨리스크를 지나면 바로 보이는 사각형 모양의 호수란다. 신성 호수는 신관들과 아몬 신의 옷을 빨던 곳이야. 옷을 깨끗이 빨아서 다시 입혔지. 그래서 '신성'이라는 말이 들어간 거야.

호수 앞에는 큰 돌로 만든 내 모습 '스카라베'가 있는데 그곳을 일곱 바퀴 돌면서 소원을 빌면 소원이 이뤄진다는 말이 있어. 그래서 소원을 빌며 도는 관광객들의 모습을 자주 볼 수 있지.

🧑 끼어들어서 미안! 이건 우리나라의 탑돌이와 비슷하다고 생각하면 돼. 그리고 이곳의 스카라베는 이집트에 있는 것 중 가장 크단다.

밤에는 카르나크 신전에서 '소리와 빛의 쇼'를 해. 의자에 앉아 신성 호수로 쏟아지는 신비한 빛을 보노라면 시나브로 이집트의 5천 년 역사 속으로 젖어 드는 것 같단다.

신성 호수 앞 스카라베

다음 날 해 질 녘에 신성 호수를 지나가는데 우리나라의 동박새와 비슷한 새들이 목욕하는 모습이 보였어. 이집트 사람에게 무슨 새냐고 물었더니 후투티라고 하기도 하고 고개를 흔들기도 하고, 하여튼 정확히 아는 사람이 없었어. 하지만 조금 전 설명을 해 준 새가 바로 그 새란다. '새들도 신성 호수에서 목욕하면 신성해진다는 것을 아는 걸까?' 그런 생각을 하며 걷고 있는데 목욕을 마친 새의 날개에 노을이 내려앉더니 어느새 신성 호수에 젖어 들더구나. 설명을 해 준 새와 쇠똥구리에게 손뼉을 쳐 주자.

 와, 고마워! 짝짝짝!

기원전 1307-1196년경

룩소르 신전은 아몬 신의 여름 별장이었대

🙂 룩소르 신전은 동네와 붙어 있어서 오다가다 볼 수 있어. 내가 묵던 호텔하고도 가까워서 저녁 먹고 산책을 하면서도 볼 수 있었단다.

 선생님, 룩소르 신전에 대해서는 제가 설명하고 싶어요.
  애들아, 룩소르 신전은 카르나크 신전의 부속 신전으로 '아몬의 남쪽 궁전'이라고도 불려. 원래 두 신전은 스핑크스가 나란히 앉아 있는 참배길로 이어져 있었어.
  룩소르 신전은 첫째 탑문에서 성소까지 길이가 260미터나 된단다. 신전은 첫째 탑문, 열주실, 안마당, 둘째 탑문, 열주실, 셋째 탑문, 열주실과 다주실, 탄생의 방, 성소의 순서로 되어 있어.
  신왕국 시대에 나일 강이 홍수로 넘치면 룩소르 신전에서 '오페트 축제'를 열었어. 오페트 축제는 나일 강의 풍요를 찬양하는 축제야. 카르

오페트 축제

나크 신전의 주신인 아몬과 무트 여신, 아들 콘스 신의 황금상을 배에 싣고, 스핑크스 길을 지나 룩소르 신전에 도착하면 축제가 시작되었지. 배의 모습과 당시 바쳤던 제물의 모습이 다주실 두 번째 기둥에 새겨져 있단다.

신전 앞에는 앉아 있는 람세스 2세 상이 2개 나란히 있어. 첫 번째 탑문 벽에는 그림이 그려져 있고. 왼쪽에는 카데슈 전투와 람세스 2세의 모습이, 오른쪽에는 전쟁에 진 나라들이 승리자 람세스 2세에게 공물을 바치는 모습과 전투가 끝난 뒤 평화로운 카데슈 전투장의 모습이 그려져 있지.

카데슈 전투는 람세스 2세가 2만 명의 군사를 이끌고 10배가 넘는 히타이트 군사와 싸운 전투를 말해. 람세스 2세는 적들에게 포위되어

룩소르 신전의 야경

죽기 직전까지 몰리지만 특유의 용기와 결단으로 살아남게 된단다.

그리고 이곳엔 원래 오벨리스크가 2개 있었는데 1831년 이집트의 총독 모하마드 알리가 하나를 프랑스의 왕 루이 필리프에게 선물로 보내 지금은 콩코르드 광장에 서 있단다.

잠깐! 내가 프랑스에 갔을 때 콩코르드 광장에서 오벨리스크를 봤어. 개선문에서 루브르 박물관까지 이어진 길을 걷다 잠깐 다리쉼을 하면서 오벨리스크를 봤는데 남의 나라에서 벌서는 것처럼 보여 살짝 슬펐단다.

병인양요 때 프랑스 군인들이 가져간 우리나라의 《직지심체요절》은 언제쯤 돌아올까 하는 생각이 들어서 그곳에서 사 먹은 아이스크림 맛도 쓸쓸했지. 미안해, 멤파리. 네가 마저 설명해 주렴.

🪰 원래 룩소르 신전은 아멘호테프 3세가 아몬 신의 여름 별장으로 만들기 시작했어. 투탕카멘, 람세스 2세에서 알렉산드로스 대왕까지 여러 왕들이 계속 지어 지금에 이른 것이지.

첫째 탑문을 지나면 72개의 큰 기둥이 있고 람세스 2세의 안마당이 나온단다. 기둥 사이에 람세스 2세의 서 있는 조각상들이 있어.

안마당 왼쪽에 있는 13세기 이슬람의 성자 아부 알 하자를 위해 지은 모스크가 인상적이란다. 모스크는 신전보다 훨씬 높은 곳에 지어졌는데, 그때 룩소르 신전이 흙에 파묻혀 있었기 때문에 위치가 높아진 것이래.

셋째 탑문을 지나면 신전의 중심인 다주실이 나온단다. 이 다주실의 벽에서 투탕카멘 왕 때 새긴 오페트 축제의 모습을 볼

룩소르 신전의 오벨리스크와 람세스 2세 상

139

앉아 있는 람세스 2세 상

수 있지.

　이곳을 지나면 기원전 4세기에 콥트 교회의 예배 장소로 사용한 흔적들도 볼 수 있어. 그러니까 룩소르 신전은 고대 이집트의 신들과 이슬람교의 신전, 콥트교의 교회가 있었던 특이한 곳이야. 또 성소의 벽에는 알렉산드로스 대왕이 투트모세 3세를 찬양하는 글이 새겨져 있단다.

　고대 로마의 개선문이나 나폴레옹이 파리에 세운 개선문은 룩소르의 탑문을 본떠 만들었다고 해. 그러고 보면 세계의 유명한 예술가나 지도자들이 이집트를 방문한 뒤 모방한 것들이 한둘이 아닌 것 같아.

　🙂 그래, 네 말이 맞아. 왕들의 계곡에 있는 무덤에 들어갔을 때 입구의 태양 그림을 보고 이탈리아의 한 유명 디자이너의 문양이 생각났

룩소르 신전의 탑문을 본떠 만든 파리 개선문

어. 룩소르 신전을 설명해 준 멤파리에게 시원한 바람 박수를 보내자.

 와~ 힘차게 짝짝짝짝!

자, 람세스 2세 이후의 왕에 대해서 조금 더 알아보고 아스완으로 가자.

람세스 2세의 뒤를 이어 즉위한 메르네프타(재위 기원전 1224-1214년경)는 람세스 2세의 열세 번째 아들로, 나이가 너무 많아 왕에 오른지 불과 몇 년 만에 세상을 뜨고 말았어. 그런데 모세가 이집트를 나온시기가 람세스 2세에서 메르네프타에 이르는 시기라고 주장하는 학자가 있더라고. 메르네프타의 미라가 다른 것들과 달리 아주 하얘서 꼭 물에 빠져 죽은 것으로 보인대. 생각해 보니, 미라 박물관에서 본 메르네프타의 미라가 정말 하얀 모습이었지. 그 학자는 모세가 이스라엘 사람들을 데리고 이집트를 탈출해 홍해를 건너갈 때 메르네프타가 그 무리를 쫓다가 사나운 돌풍 때문에 물에 빠져 죽은 것이 아닐까 추측한단다. 확실하지는 않지만 이집트학을 연구하는 학자가 추측하는 것이라 너희들에게 알려 주고 싶었어.

람세스 11세 때 마침내 이집트는 상 이집트와 하 이집트로 나뉘어져, 약 500년을 이어 온 신왕국 시대가 막을 내리고 제3중간기로 접어들게 된단다.

중간기가 외국 왕조에 의해 정복당한 시대나 통일 왕국이 아니라 상, 하 이집트로 나누어진 시기를 말한다는 건 기억하지? 제21왕조에서 제25왕조 전반까지는 제3중간기, 이집트가 다시 통일되는 제25왕조 후반 이후는 후기 왕조 시대로 구분하는 것이 일반적이지. 이렇게 구분한 것은 프톨레마이오스 시대의 신관인 마네토가 편찬한 이집트 역사서 《이집트지》에 기초한 것이란다.

 컹컹! 선생님! 아이고, 숨차!

아니, 넌 카르나크 신전의 검정개 아니니?

헉헉, 선생님. 이번에 우리 친구들과 헤어지면 언제 다시 만날지 몰라서 카르나크에서 여기까지 쌩쌩 날다시피 달려왔어요. 제게 한 번 더 기회를 주세요. 전 역사에 대해서도 많이 아는 개거든요.

🧑‍🤝‍🧑 와, 멋진 개예요! 선생님, 검정개에게 설명을 듣고 싶어요!

🐕 얘들아, 정말 고마워! 최선을 다해서 설명해 줄게.

제25왕조는 '누비아 왕조'로도 불리는데 아주 잠깐 지속되었어. 기원전 671년 이집트는 아시리아의 에사르하돈(재위 기원전 680-669년경) 왕에게 정복당하고 아시리아의 속국이 되었지.

얼마 안 가 페르시아 제국이 나타나면서 이집트는 기원전 525년 아케메네스 왕조의 캄비세스 2세에게 다시 정복당하고 말았단

에사르하돈 왕

다. 그런데 캄비세스 2세는 아주 잔혹한 왕이었대. 테베를 공격했을 때 사제의 살가죽을 벗겨 그 가죽으로 의자를 만들었다고 할 만큼 끔찍한 왕이었지. 이집트는 100년이 넘는 오랜 세월 동안 페르시아의 지배를 받았단다.

제30왕조를 끝으로 이집트의 왕조 시대가 막을 내렸어. 페르시아 시대가 시작한 기원전 343년을 기점으로 실제 고대 이집트 시대가 끝났다고 보는 것이 맞지. 이집트 사람이 다시 이집트 역사의 무대로 돌아온 것은 프톨레마이오스 시대, 로마 제국 시대, 이슬람 제국 시대, 영국 식민지 시대, 다시 말해 오랫동안 다른 민족의 지배를 거쳐 이집트가 영국으로부터 독립을 한 1922년이 되어서란다.

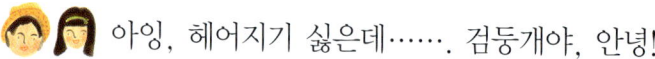 검둥개야, 고마워! 우린 아스완으로 갈 거야. 애들아, 검둥개에게 손을 흔들어 주자.

 아잉, 헤어지기 싫은데……. 검둥개야, 안녕!

🐕 애들아, 안녕!

🙂 그럼 아스완을 향해 출발!

기원전 1307-1196년경

아스완은 펠루카가 떠다니는 아름다운 곳이야

미완성 오벨리스크

선생님, 아스완에 있는 미완성 오벨리스크에 대해선 제가 설명할래요.

애들아, 너희들이 비행기에서 계속 잠을 잘 때 나도 너희 머리꼭지에 앉아 잠자고 있었단다. 앞으로도 너희들이 이집트에 있는 동안 슝슝 소리를 내며 너희 뒤를 따라다닐 거야.

아스완은 아름다운 분홍빛 화강암이 많은 곳이야. 이곳에서 오벨리스크를 만들어 가져간 흔적들이 많이 남아 있지. 그중에 오벨리스크를 어떻게 만들었는지 알 수 있는 곳이 있어.

화강암에 나무를 박고 물을 부어 오벨리스크 형태대로 자르려고 했는

오벨리스크를 떼어 낸 자리

누비아박물관 입구의 오벨리스크

데 화강암 중간에 금이 가는 바람에 그냥 두고 갔거든. 곳곳에 나무쐐기를 박아 놓은 흔적들도 볼 수 있을 거야.

🙂 바람아, 정말 고마워.

처음 이집트에 왔을 때 이집트 여행 중에서 가장 평화롭게 보낸 곳이 아스완이었단다. 코끼리처럼 생겼다고 해서 '엘레판티네'라 불리는 섬의 한 호텔에 묵었지. 올드 카타락 호텔에서 봤던 해 지는 모습은 지금도 잊혀지지 않는단다. 올드 카타락 호텔은 유명한 추리 소설 작가 애거사 크리스티가 《나일 강 살인 사건》이라는 소설을 썼던 곳으로 유명하지.

아스완은 나일 강의 수위가 높고 물결이 굽이치기도 해서 나일 강의 모습을 제대로 감상할 수 있는 곳일 뿐 아니라 바람의 힘으로 다니는 펠루카가 그림처럼 떠다니는 곳이기도 해. 그래서 전 세계 사람들의 휴양지로 손꼽히지.

추리 소설 작가 애거사 크리스티

또한 아스완에는 아담하고도 멋진 '누비아 박물관'이 있단다. 박물관에 들어서면 람세스 2세의 큰 동상이 있고 누비아 사람들의 생활 모습을 보여 주는 모형관이 있어.

박물관을 둘러보고 상류로 약 284킬로미터를 거슬러 올라가 이집트의 남쪽 끝자락에 있는 아부심벨을 향해 떠나자!

와! 와! 이 순간을 기다렸어요. 사진으로 보던 아부심벨에 가기를 얼마나 기다렸는데요!

아부심벨에 가기 전날, 참 신기한 일이 일어났지 뭐니! 10년에서 15년에 한 번 일어날까 말까 한 일이 생긴 거야. 글쎄, 비가 이틀 동안이나 퍼부었단다!

호텔은 번개 때문에 전기가 나가 방범등만 켜져서 간신히 앞만 볼 수 있는 상태였지. 발전기로 필요한 불만 비추는 것이라 엘리베이터도 사용하지 못하고 4층 방까지 짐을 낑낑거리며 들고 갔어. 컴컴한 화장실에서 고양이 세수를 하고 새벽 2시에 아부심벨로 출발한다는 말을 듣고 잠을 청했지. 그런데 한밤중에 전화가 왔어. 아부심벨에 가는 일정이 취소되었다고 말이야. 아부심벨은 개인적으로는 갈 수가 없고, 반드시 군대가 호송해서 가야 하는데 비가 오는 통에 모든 것이 마비되어 갈 수 없다는 거야.

잠을 못 자 피곤했지만 여기까지 와서 아부심벨을 못 보다니, 실망이 이만저만이 아니었어. 어쩌나, 5년 전에 본 내용을 토대로 글을 써야 하나 걱정하면서 다시 잠이 들었는데 아침 7시에 전화가 왔어. 갈 수 있다고! 그리고 드디어 11시에 아부심벨로 출발했지! 기도가 이루어지는 순간이었어.

아부심벨로 가려면 사막에 있는 도로를 3시간 정도 달려야 하는데 어제 내린 비 때문에 군데군데 웅덩이가 생기기도 했고, 질척질척 진흙이 되어 있었어. 사막에서는 쉽게 볼 수 없는 광경이었지. 이날 처음 사막을 본 사람은 사막에도 비가 온다고 혼동할 정도로 곳곳에 비의 흔적이 남아 있었단다.

내가 있는 버스에 탄 장교가 설명을 해 주었는데 사막을 지날 때 무장 괴한에게 버스가 납치당하거나 폭격을 당할 위험이 있기 때문에 아부심벨로 향하는 모든 버스와 차가 한꺼번에 출발하는 것이래. 끝없는 사막에서 긴 버스의 행렬이 뱀처럼 이어졌지. 바람이 불면 아스팔트 도로에 어느새 모래가 쌓여 어디가 길인지 모를 정도였어.

드디어 아부심벨에 도착했을 때에는 해가 어느 정도 기울어 있었단다. 대신 나세르 호수에서 불어오는 바람의 차가운 기는 가셔 있었지. 심한 모래바람이 불면서 입 안으로 칼칼한 모래가 들어왔단다. 3천 년 넘게 람세스 2세는 당당한 모습으로

나세르 호수와 아부심벨의 모습

나세르 호수를 내려다보고 있었어. 5년 전의 모습과 다름없이.

기원전 1307-1196년경

이집트의 끝,
아부심벨 신전

 선생님, 아부심벨 신전에 대해서는 제가 설명해 주고 싶어요.

애들아, 아부심벨 신전은 오랫동안 모래와 돌무더기로 덮여 있었단다. 그러다 이탈리아의 고고학자인 벨조니가 대규모 청소를 하면서, 신전 정면에 세운 4개의 거대한 람세스 2세 상이 나타나며 세상에 알려지게 되었어. 참, 벨조니에 대해서는 왕들의 계곡에서 들어 알고 있지?

그때는 지금의 위치보다 약간 아래쪽에 있었는데 아스완 하이 댐의 건설로 물에 잠길 위기에 놓이자, 1963년 람세스 2세의 신전과 네페르타리 소신전을 옮기는 작업을 시작해 1972년 마무리했단다.

람세스 2세가 이집트를 다스린 지 5년째 되던 해에 아부심벨을 세우기 시작했어. 람세스 2세가 누비아에 세운 신전은 모두 7개가 넘지만 그중에서도 가장 웅장한 것이 바로 이 아부심벨이란다. 아부심벨은 카데슈 전투를 승리한 기념으로 테베의 신인 아몬 라와 헬리오폴리스의 신인 라 호라크티를 위해 세운 신전이야. 람세스 2세는 그들 덕분에 카데슈 전투에서 승리했다고 믿었거든.
  자, 이제 남은 이야기를 나세르 호수의 바람이 설명해 주렴.

  고맙습니다! 전 5년 전 선생님의 모습을 기억해요. 그때 선생님은 제가 놀고 있는 나세르 호수를 바라보며 아침을 먹고 있었어요. 무엇을 먹나 궁금해서 살짝 다가갔더니 그만 에취 하고 기침을 하더라고요. 저는 반가워서 간 것이었는데……. 선생님에게 늘 미안한 마음이 있었는

아부심벨 신전

떨어진 람세스 2세의 머리　　　신전의 벽화

데 저한테 설명할 기회를 주어서 정말 고마워요.

얘들아, 아부심벨은 나일 강 기슭의 벼랑에 구멍을 뚫어 만든 암굴 신전이야. 신전은 대열주실, 전실, 지성소로 구성되어 있는데 깊이가 63미터나 된단다. 대열주실의 벽에는 앞서 말한 카데슈 전투를 나타낸 부조가 새겨져 있어.

정면에 앉아 있는 거대한 4개의 상은 모두 람세스 2세 자신을 나타낸단다. 높이가 20미터가 넘지. 람세스 2세는 우레우스라는 독사 장식이 달린 상 이집트와 하 이집트를 상징하는 이중 왕관을 쓰고, 수염 장식을 단 모습으로 당당하게 앉아 있단다. 왕의 다리 사이에는 부인인 네페르타리와 딸, 왕의 어머니가 작은 모습으로 서 있지. 4개의 석상 중 왼쪽에서 두 번째 석상은 지진으로 허리 윗부분이 파손되어 바닥에 머리가 떨어졌는데 그대로 석상 앞에 두고 있단다.

석상 사이에 신전으로 들어가는 입구가 있어. 입구 위에 새의 머리를 한 라 호라크티 석상이 자리하고 있지.

신전 내부 신전의 천장

🙋 나세르 호수의 바람아, 잠깐만! 이집트에서는 가장 중요한 사람을 크게 만들고 나머지 사람들은 작게 만든단다. 어린아이들은 한쪽으로 머리를 묶었거나 손가락을 빨고 있는 모습으로 나오지.

나머지는 멤파리가 설명해 주렴. 아부심벨에 와서 멤파리를 불러 주지 않았더니 시무룩한 모습으로 내 손등에 앉았네.

🪰 와우! 이제야 저를 생각해 내셨네요! 그동안 정말 심심했어요.

애들아, 람세스 2세의 발 옆에는 그의 부인인 네페르타리 왕비의 석상이 세워져 있는데 이렇게 왕의 부인이 신전의 정면에 왕과 함께 조각된 것은 아부심벨이 처음이래. 그러나 왕의 석상과 비교하면 아주 작은 크기이지.

람세스 2세가 이집트 최고의 건축왕이면서 자식을 가장 많이 낳은 왕이기도 한 것은 앞서 들었지? 또한 67년간이나 이집트를 다스린 파라오로, 90년간 왕위에 있었던 제6왕조 페피 2세에 이어 2등이란다.

🌬️ 선생님, 신전 안의 모습도 제가 설명해 주고 싶어요. 모래를 품고 있는 저 때문에 사람들이 얼굴을 찡그리기도 하니까, 사과하는 뜻에서 설명해 주고 싶어요.

👩 좋은 생각이야. 네가 설명해 주렴.

🌬️ 얘들아, 나를 따라와. 신전에 들어가기 전에 건물 정면 꼭대기를 바라보렴. 22마리의 원숭이들이 장식 띠를 이루고 있는 것이 보일 거야. 이 원숭이들은 어둠을 물리친 것을 상징해. 그리고 그 밑에 '우세르-마트-라'라고 쓴 히에로글리프가 있는데 그것은 람세스 2세의 다른 이름이란다. 뜻은 '태양신 라의 정의는 위대하다.'라는 것이래.

안으로 들어가기 전에는 벽에 그려진 그림을 볼 수 있을 거야. 람세스 2세에게 붙잡힌 사람들의 모습을 그린 그림인데 오른쪽은 파피루스 줄로 매인 포로의 모습이고, 왼쪽은 연꽃의 줄기로 묶인 모습이지.

조금 들어가면 카데슈 전투의 모습이 새겨진 첫 번째 탑문이 나온단다. 나는 심심할 때면 이곳에 들어가 람세스 2세의 용감한 모습을 감상하곤 해. 하지만 벽화를 만지는 일은 삼가지. 혹시라도 상할까 봐. 으흠, 이쯤 되면 난 훌륭한 바람인 편이지?

신전으로 들어가면 거대한 대형 석상 8개가 서 있어. 큰 석상의 모습에 마음이 압도당하는 데다 카데슈 전투를 그린 벽화의 모습은 이제까지 본 것 중에서 가장 실감 나는 것이라고 해도 틀린 말이 아닐 거야. 전투가 끝나고 람세스 2세는 히타이트와 카데슈 조약을 맺게 되는데 그것을 '세계 최초의 평화 협정'이라고 부른단다.

아부심벨 신전의 내부

 그런데 재미있는 사실은 히타이트에서는 자신들이 람세스 2세에게 승리했다고 기록하고 있다는 거야. 그러니까 역사는 누구 편에서 쓰느냐에 따라서 많이 달라진단다.

우리 역사 속에서도 비슷한 일이 있지. 백제의 마지막 왕인 의자왕은 아주 무능하다고 알려져 있지만 이것 역시 백제를 멸망시킨 신라에 의해 전해진 것이니 잘못된 이야기일 거야. 낙화암에서 삼천궁녀가 떨어져 죽었다고 적혀 있는데 그 좁은 곳에서 정말 삼천궁녀가 꽃처럼 떨어져 죽었을까 하는 의심이 들더구나.

🪲 선생님, 저도 말하고 싶어요. 말하고 싶어 몸이 근질거려요.

👩 그래, 쇠똥구리. 네가 말해 보렴.

🪲 푸---우---푸---우! 무슨 소리냐고? 내 날개에 묻어 있던 먼지를 털어 내는 소리야. 너희들에게 설명할 때 혹시 너희 입에 모래 먼지가 들어갈까 봐 미리 터는 거지.

　마지막 지성소에 들어서면 4개의 상이 앉아 있는 것을 볼 수 있단다. 이곳엔 1년에 두 번 빛이 들어오는데 람세스 2세가 태어난 2월 20일과 왕위에 오른 10월 20일이야. 먼저 너희가 앞에서 봤던 태양신의 찬양자인 22마리 원숭이들을 비추고, 다음엔 '우세르-마트-라'를 비추지. 그리고 마지막으로 지성소 안에 있는 세 동상, 아몬 라 신과 헬리오폴리스의 지배자 라 호라크티, 람세스 2세를 비춘단다. 프타는 왼쪽에 앉아 있는데 프타에게는 빛이 비치지 않아. 프타는 어둠에서 세상을 창조한 신이기 때문이야.

👩 자, 우리 쇠똥구리에게 손뼉 바람을 쳐 주고 옆에 있는 네페르타리 소신전으로 자리를 옮기자.

👻 선생님, 저에게 한 번 더 기회를 주세요. 선생님이 이곳을 떠나면 제가 친구들에게 설명해 줄 수 있는 기회가 없어질 것 같아요.

👩 맞아! 이곳에 몇 번씩 온다는 것은 참 힘든 것 같아. 물론 이집트

학을 공부할 친구들이나 이집트에 관심이 많은 친구는 몇 번이고 와야 하겠지만 말이야.

애들아, 네페르타리는 람세스 2세의 첫 번째 왕비란다. 람세스 2세는 네페르타리 왕비를 정말 사랑했어. 자신의 신전에서 북쪽으로 불과 100미터도 안 되는 곳에 그녀를 위한 신전을 지어 준 것만 봐도 알 수 있지. '네페르'라는 말은 아름다움이라는 뜻이고 '네페르타리'는 아름다움을 간직한 여자라는 뜻이래. 네페르타리 왕비가 무척이나 아름다웠나 봐.

신전 입구에는 걷고 있는 자세를 한, 약 9미터쯤 되는 큰 동상이 6개나 있어. 둘은 왕비의 카의 모습이고, 넷은 왕의 카의 모습이란다. 무릎 근처에는 둘의 자식들 석상이 세워져 있지. 왕비는 2개의 높은 깃과 뿔이 달리고 그 안에 태양이 들어가 있는 모자를 쓰고 있어. 즉 하토르 여신의 모습을 하고 있단다. 원래 이 신전은 하토르 여신에게 봉헌된 신전이었거든.

람세스 2세는 14살, 네페르타리는 15살에 결혼을 했단다.

사이가 좋은 람세스 2세와 네페르타리 왕비

람세스 2세가 많은 후궁을 두었지만 네페르타리 왕비는 그런 남편에게 아주 관대했대. 그리스 신화에 나오는 제우스의 부인 헤라와는 아주 달랐던 모양이야. 어쨌든 람세스 2세는 마음씨가 넉넉할 뿐만 아니라 자신을 잘 도운 부인이 고마워서 자신의 신전 옆에 부인의 신전을 세워 준 것인지도 모르겠어. 그녀가 40대 중반의 나이로 죽자, 람세스 2세는 테베 서쪽 여왕들의 계곡에 장사를 지내게 했는데 이 무덤은 여성의 묘로는 가장 규모가 크고 아름답단다.

 네페르타리 소신전

👧 자, 우리에게 설명을 해 준 나세르 호수의 바람에게 인사를 하고 이제 아부심벨에게 작별 인사를 하자.

👧🧑 나세르 호수의 바람아, 안녕! 아부심벨도 안녕!

159

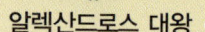 기원전 332~323년경
알렉산드로스 대왕

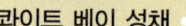 콰이트 베이 성채

프톨레마이오스 1세 시기
고대 알렉산드리아 도서관

그 이후의 시대

(332년경 이후)

신왕국 시대가 끝난 뒤, 이집트는 쇠퇴의 길을 걷는단다. 제30왕조가 페르시아의 침략으로 무너지면서 고대 이집트 시대는 사실상 막을 내렸지. 하지만 이후 알렉산드로스 대왕, 클레오파트라와 같은 유명한 사람들이 등장했어. 프톨레마이오스 시대에 지어진 에드푸 신전과 두 사람에 대해 차례차례 살펴보도록 하자!

 프톨레마이오스 3세 때 건축 시작
에드푸 신전

 51~30년경
클레오파트라

예수 그리스도의 출현

기원전 332년경 이후

호루스 신을 위한 에드푸 신전을 향해 떠나자

🧑 지금 우리는 룩소르에서 남쪽으로 약 110킬로미터 정도에 위치한 에드푸에 왔단다. 간밤에 내린 비로 길은 온통 진흙탕이 되었어. 그 길을 당나귀가 끄는 마차와 엉켜, 가다 서다를 반복했단다. 아직도 이집트에서는 당나귀가 중요한 교통수단이라 길에서 쉽게 당나귀를 볼 수 있지. 길을 한참 달려 도착한 곳은 호루스를 섬기는 에드푸 신전이야.

🐱 야옹, 야옹! 선생님, 안녕하세요?

🧑 에드푸에 살고 있는 고양이구나! 안녕! 이집트에는 떠돌이 개도 많지만 고양이도 많더구나.

선생님, 지금 약간 졸렸는데 우리 친구들을 보니까 잠이 확 달아나네요. 제가 이 신전에 대해 설명해 주고 싶어요.
 친구들, 에드푸 신전의 주인 호루스는 오시리스와 이시스의 아들이면서 왕이 임무를 잘 수행하는지 감시하는 신이야. 에드푸 신전에는 호루스를 매의 모습으로 표현했어.

에드푸 신전

 에드푸 신전은 이집트에서 카르나크 신전 다음으로 큰 신전이야. 이 신전은 프톨레마이오스 3세 때인 기원전 237년에 짓기 시작해 기원전 57년에 완공되었단다. 그런데 1798년까지 신전 주위는 물론 신전 지붕 위까지 사람들이 집을 짓고 살았었대. 1860년이 되어서야 프랑스의 고

에드푸 신전 입구

고학자 오귀스트 마리에트가 에드푸 신전을 덮고 있는 모래를 걷어 내면서 지금의 모습을 되찾게 되었지. 원래의 모습을 거의 그대로 복구했지만 아쉽게도 입구 앞에 있던 2개의 오벨리스크와 정면을 장식했던 거대한 깃대들은 사라지고 없어.

 에드푸의 고양이야, 고마워! 야옹!

안녕하세요? 이곳 신전에 대해선 아무래도 저만큼 잘 아는 사람이 없을 테니까 제가 친구들에게 멋지게 설명해 줄게요.

호루스 상과 신전 벽화

애들아, 안녕? 나는 호루스야. 어느 날 난 우주만큼 거대한 두 날개를 펴고 하늘을 날다가 성소를 세우고 싶은 장소인 이곳 에드푸를 발견했어. 그래서 에드푸는 나의 횃대가 되었단다. 나를 기념하기 위해서 이곳엔 매 사육 전문가들이 있었고, 해마다 매 1마리가 내 화신으로 뽑혔지.

에드푸 신전에 들어가려면 이집트의 다른 신전처럼 먼저 탑문을 통과해야 해.

원기둥들이 있는 첫 번째 마당에는 '책들의 집'과 '아침의 집'이 있어. 책들의 집에는 책 제목을 상형 문자로 기둥에 새겨 놓았단다. 도서관인 셈이지. 아침의 집은 떠오르는 태양을 경배하는 집이란다(이집트 어로 아침과 경배는 말의 뿌리가 같거든). 그리고 중앙의 방을 지나면 '성자 중의 성자'라고 불리는 벽이 나와. 그 벽에는 나의 탄생에서부터 내가 어둠의 힘들을 물리치고 승리를 거둔 모습을 그린 '호루스 신화'가 펼쳐져 있단다.

 재미있는 것은 에드푸의 신인 나와 단다라 지방의 하토르 여신이 신성한 결혼을 하고, 이것을 기념해 축제가 열린다는 것이지. 기쁨과 사랑의 여신인 하토르가 배를 타고 와서 나와 2주 동안을 보낸단다. 그리고 천지창조 이후 죽은 신들이 안식을 취하고 있는 사막으로 가서 그들

배를 타고 호루스에게 오는 하토르 여신

에드푸 신전에서 만난 고양이

에게 다시 생명을 주고, 그들에게서 인간의 마음에 기쁨을 전하고 문화를 번영케 하겠다는 약속을 받아낸단다.

 선생님, 저에게도 한 번 더 기회를 주세요.

애들아, 예로부터 많은 현자들이 에드푸 신전에서 일생을 보냈단다. 그 까닭은 에드푸 건물 벽에 새겨진 '규칙'을 보면 알게 될 거야.

"신들 곁에 온 여러분, 하늘의 영주인 위대한 신 호루스의 신전에서 예배를 올리는 여러분, 이 위대한 신께서 여러분에게 마련해 준 이곳을 보세요. 그분은 하늘을 여행하지만 지상에서 일어나는 일을 봅니다. 그분은 모든 일이 공정할 때 여러분에게 만족입니다. 이 성소에서 거짓말 하지 마세요. 재물을 탐하지 마세요. 정확하지 않은 말을 하지 마세요. 가난한 자와 힘없는 자를 차별하지 마세요……."

호루스 신에게 배꼽 인사를 하고, 고양이에게 손을 흔들어 준 뒤 알렉산드로스 대왕을 만나러 가자.

와와! 알렉산드로스 대왕을 정말 만나고 싶었어요.

기원전 332년경 이후

이집트의 해방자,
알렉산드로스 대왕을
만나자

알렉산드로스 대왕이 누구인지는 알고 있겠지? 람세스 2세는 몰라도 알렉산드로스를 아는 친구들은 많을 거야. 알렉산드로스 대왕은 20살에 마케도니아의 왕이 되었고, 그리스, 페르시아, 인도에 이르는 대제국을 건설하며 그리스 문화를 동양으로 전한 사람이야. 아버지 필리포스 2세가 다른 나라를 정복할 때마다 그는 애통해했대. '아, 내가 정복할 땅이 줄어드는구나!' 하고 말이야. 그의 정식 이름은 알렉산드로스 3세란다.

알렉산드로스 대왕을 만나려면 알렉산드리아로 가야 해. 알렉산드리아는 카이로에서 차로 3시간쯤 걸리는 도시란다. 긴 시간이지만 주변의 경치를 보노라면 시간이 시나브로 지나가지. 혼잡한 카이로와 달리 알렉산드리아로 가는 길은 넓고, 주변도 사막이 전부가 아니라 숲도 보인단다.

알렉산드리아가 가까워지면 삼각주가 보여. 그곳엔 습지도 있고 미라를 만드는 데 쓰이는 천연 탄산나트륨도 있다고 하는구나.

　알렉산드리아에 도착하면 당나귀들의 방울 소리, 자동차 경적 소리, 전차 지나가는 소리와 개 짖는 소리가 엉켜 도시에 왔다는 것을 알 수 있지. 알렉산드리아는 낡은 아파트들이 지중해를 향해 띠처럼 길게 서 있단다. 몇 년 전 신문에서 알렉산드리아의 아파트가 붕괴되었다는 기사를 읽었는데 너무 오래돼서 그럴 수 있겠다는 생각이 들었어.

　아파트 뒤쪽 동네의 좁고 꼬불꼬불한 길을 걷노라면 우리나라의 60, 70년대 동네를 걷는 느낌이란다. 골목길을 뛰어다니는 아이들, 의자에 앉아 돋보기를 쓰고 신문을 읽는 긴 수염의 할아버지, 가게에서 흘러나오는 진한 커피 향, 아에시 빵을 씹으며 동양에서 온 나를 신기하게 쳐다보는 소녀……. 한낮 알렉산드리아의 뒷골목 풍경이란다.

알렉산드리아에 있는 로마의 소극장

알렉산드리아에 있는 로마 시대 유적터   로마 시대의 목욕탕

🐦 선생님, 안녕하세요? 5년 전에 만났던 알렉산드리아 바람이에요. 선생님이 지중해의 바닷가를 거닐고 있을 때 제가 머리칼을 쓰다듬었더니 '아, 감미로운 바람이야!'라고 말해서 얼마나 기분이 좋았는지 몰라요. 예전에 저를 칭찬해 주셨으니까 그 보답으로 친구들에게 이 도시를 세운 알렉산드로스 대왕에 대해 말해 주고 싶어요.

👩 아, 기억력이 대단한 바람이네. 그래, 네가 설명해 주렴.

🐦 고맙습니다! 얘들아, 알렉산드로스 대왕의 스승은 위대한 철학자 아리스토텔레스였어. 그런 스승을 모셨기 때문에 알렉산드로스의 학식은 엄청 높았지. 그가 가장 귀하게 여긴 것이 바로 호메로스의 시집 《일리아스》와 《오디세이아》였을 정도란다. 13살에 아리스토텔레스에게 배우기 시작한 알렉산드로스는 3년 후 아리스토텔레스를 해고해 버렸어. 아리스토텔레스에게서 배워야 할 것들은 모두 배웠기 때문이래.

알렉산드로스 대왕은 처음 그리스의 테베와 전쟁을 시작했어. 테베가 20살에 왕이 된 알렉산드로스를 깔보고 반역을 했기 때문이지. 그는 테베를 끔찍할 정도로 쳐부순 후 페르시아로 진격해 갔단다. 그때 페르시아의 왕은 다리우스 3세로 몹시 연약한 왕이었대. 전쟁에 나갈 때 군사 수보다 데리고 간 여자들 수가 더 많을 정도였다지. 그런 그가 알렉산드로스에게 대항할 힘이 있었겠어? 결국 알렉산드로스 대왕은 다리우스 3세를 보기 좋게 물리치고, 곧바로 페르시아의 지배를 받고 있던 이집트로 향했지. 페르시아가 정신을 차릴 틈을 주지 않은 것이야.

그런데 이집트 사람들은 알렉산드로스 대왕을 해방자라고 부르며 반겼단다. 이상한 일이지? 알렉산드로스 대왕 역시 이집트를 침공한 왕인데 말이야. 그 까닭은 페르시아는 이집트 사람들을 무시하며 지배했기

이집트로 들어오는 늠름한 알렉산드로스 대왕

때문이야. 알렉산드로스 대왕은 이집트의 아몬 라 신이 되었고, 그때부터 이집트는 마케도니아, 즉 그리스의 지배를 받게 되었단다. 알렉산드로스 대왕은 지금 너희들이 밟고 있는 이곳에 자신의 이름을 딴 도시 알렉산드리아를 세웠지.

알렉산드로스 대왕은 인도의 칸다하르 지방까지 정복 전쟁을 갔다가 돌아오는 길에 열병에 걸려 죽게 되는데, 그때 고작 33살이었어.

🪰 붕—붕, 붕! 선생님, 저에게도 기회를 주세요!

👧 아니, 멤파리! 너 여기까지 어떻게 따라왔니?

🪰 히히, 선생님 머리꼭지에 매달려 잠을 잤는데 어느새 알렉산드리아더라고요.

👧 하여튼, 너의 끈기에 감탄했다! 그런 끈기가 있다면 설명할 자격이 있지. 네가 해 주렴.

🪰 애들아, 다시 만나서 반가워!

알렉산드로스 대왕이 죽자 그의 부하인 프톨레마이오스가 알렉산드로스 대왕의 시체를 갖고 이집트로 왔단다. 멤피스에 도착한 그는 대왕의 유해를 매장하고 곧바로 자신이 이집트의 총독이라고 발표했어. 이집트 땅을 손쉽게 장악한 프톨레마이오스는 기원전 305년 알렉산드리아를 수도로 정하고 초대 왕 프톨레마이오스 1세로 즉위하게 되지. 이것이

파로스 등대 터에 자리 잡은 콰이트 베이 성채

프톨레마이오스 왕조의 시작이야.

그때 세워진 것이 고대 세계 7대 불가사의 중 하나인 파로스 섬의 등대야. 기원전 280년 무렵에 세워진 '파로스 등대'는 세계 최초의 등대로, 고대 알렉산드리아 도서관처럼 지금은 사라졌지만 여전히 알렉산드리아의 상징물로 남아 있단다.

중세 아랍 사람들과 유럽 여행자들의 기행문이나 고문서를 토대로 살펴보면 파로스 등대는 높이가 135미터였고 3층으로 되어 있었대. 3층에는 50킬로미터까지 비출 수 있는 등대가 있었고. 그러나 파로스 등대는 지진으로 무너지고 그 잔해는 바다 속에 가라앉았어. 지금은 '콰이트 베이 성채'가 자리 잡고 있지. 콰이트 베이 성채 안으로 들어가면 너른 마당이 있고 곳곳에 대포가 세워져 있어. 콰이트 베이의 성채를 짓는 데 사용된 돌은 파로스 등대에 사용되었던 돌이란다.

🧑 알렉산드리아 바람과 멤파리에게 힘차게 손뼉을 쳐 주고 알렉산드리아 도서관으로 가 보자.

🪲 선생님, 도서관은 제가 좋아하는 곳이에요. 저는 지성 있는 쇠똥구리거든요. 제가 설명하고 싶어요.

　애들아, 프톨레마이오스 1세가 세운 것으로 알려진 고대 알렉산드리아 도서관은 세계 최고의 도서관으로 그 시대에 이름을 떨쳤단다. 지중해 덕분에 교통이 편리해서 세계의 학자들이 모여 함께 토론하고 연구하는 곳이 되었지. 도서관에는 약 70만 권 이상의 파피루스와 양피지 두루마리 형태의 책이 있었는데 도서관의 중요한 임무 중 하나가 세계 각 나라의 언어로 된 자료를 그리스 어로 번역하여 기록하는 일이었단다. 또한 이곳에서 72명의 학자가 히브리 어로 된 성경을 그리스 어로 번역해 《70인역성서》를 쓰기도 했어.

　"유레카!"를 외친 그리스의 학자 아르키메데스와 "학문에는

2002년 문을 연 알렉산드리아 도서관

왕도가 없다."라고 하여 현대 과학의 밑받침을 세운 유클리드, 에라토스테네스 등 유명한 학자들이 이 도서관에서 연구를 했다고 해.

헤헤, 내가 생각해도 난 정말 똑똑한 것 같아. 이 이름들을 외우느라 한참 애를 먹었는데, 이렇게 술술 나오는 것을 보니 애쓴 보람이 있네.

하여튼 안타깝게도 기원전 48년 로마의 장군 율리우스 카이사르가 이집트를 침략했을 때 이집트 함대를 향해 던진 불이 도서관에 옮겨 붙어 첫 번째 손상을 입었어. 몇 번의 전쟁으로 도서관은 불탔고, 결국 아랍 사람들이 지배했을 때 역사 속으로 사라졌지. 지금은 그 자리와 가까운 해안에 현대식 도서관이 자리 잡고 있단다. 도서관 마당에는 지중해에서 떠오르는 태양을 상징하는 동그란 모양의 건축물이 있어.

얘들아, 쇠똥구리에게 손으로 하트를 만들어 주자. 그리고 내가 조금 더 설명해 줄게.

지금 이곳에 있는 알렉산드리아 도서관은 1986년 무라바크 대통령의 요청으로 이집트 정부와 유네스코에서 건축을 하기 시작해 2002년 문을 열었어. 2005년 내가 여기 처음 왔을 때는 도서관 안에 들어가지 못하고 밖에서만 봤지. 그런데 이번엔 안팎을 둘러볼 수 있었을 뿐 아니라 그곳에서 책을 읽는 사람들의 열기까지 느끼고 왔단다. 이집트의 미래를 이끌고 갈 아이들과 젊은이들, 머리는 희끗하지만 책을 읽는 열정만큼은 젊은이 못지않은 사람들을 보면서 이집트의 앞날이 밝을 거라는 생각이 들었지.

도서관 앞에는 세계 여러 나라의 말이 쓰여 있는데 그중 우리말 '세월'도 있어서 아주 반가웠단다. 어떤 사람이 '월세'로 읽는 바람에 웃었지만 말이야. 세종 대왕 할아버지가 보면 아주 흐뭇해할 거라는 생각이 들었어.

또 프톨레마이오스 1세가 이곳을 보면 얼마나 감탄할까? 아니 적어도 아홉 나라의 말을 척척 했던 클레오파트라가 현대 알렉산드리아 도서관을 본다면 하루 종일 책 속에 파묻혀 있으려 할지도 모르지. 그녀는 당대 최고의 학자들과도 말이 통할 정도로 박식했다니까 말이야.

클레오파트라 이름이 나온 김에 그녀에 대해 더 자세히 알아보자.

 와! 빨리 만나고 싶어요! 얼마나 예쁜지 궁금하거든요.

기원전 332년경 이후

클레오파트라 여왕을 보니 가슴이 설레네!

    프랑스의 철학자 파스칼은 "클레오파트라의 코가 1센티미터만 낮았더라도 세계의 역사는 달라졌을 것이다."라고 말했어. 그 말뜻을 오랫동안 생각해 보았는데 클레오파트라가 도도해서였을까? 아니면 미모로 카이사르와 안토니우스를 꼬드겨서일까? 그렇지 않으면 악티움 해전 때 클레오파트라가 우겨서 바다에서 싸웠지만 지는 바람에 로마의 지배를 받게 되어 한 말일까? 물론 클레오파트라가 카이사르와 안토니우스를 만나지 않았다면 세계의 역사는 달라졌을 거야.

  하여튼 클레오파트라는 아홉 나라의 말을 할 줄 알았고 목소리가 무척 고왔대. 그러나 고운 목소리만으론 대화를 오래 이어갈 수 없겠지. 중요한 것은 다양한 독서를 통해 얻은 그녀의 풍부한 지식이었대. 그래서 똑똑한 카이사르나 안토니우스와도 대화가 가능했지.

🐦 선생님, 선생님이 알렉산드리아를 떠나면 제가 설명할 기회가 또 언제 올지 모르니까 제게 기회를 더 주세요.

👩 그래, 내가 몇 년 후에 또 올지 모르니까 네가 설명해 주렴.

🐦 얘들아, 프톨레마이오스 왕조는 프톨레마이오스 3세 때를 절정으로 내리막길을 걷기 시작했단다. 기원전 80년 프톨레마이오스 12세는 날마다 파티를 열고 흥청망청했대. 낭비가 너무 심해서 로마에서 돈을 빌리기까지 했다니까.

그 무렵 프톨레마이오스 12세의 딸인 클레오파트라 7세가 태어났어. 기원전 51년 프톨레마이오스 12세가 숨을 거두었는데 유언장에는 딸 클레오파트라와 아들 프톨레마이오스 13세가 공동으로 나라를 다스리라는 말이 쓰여 있었어. 그래서 두 사람은 형식적인 혼인을 하게 되었지. 그때 클레오파트라는 18살, 동생의 나이는 10살이 갓 넘었었대.

프톨레마이오스 13세의 후견인들은 클레오파트라를 물리치려고 음모를 꾸몄고, 클레오파트라는 그에 대항하려고 카이사르와 손을 잡게 되었지. 결국 프톨레마이오스 13세는 4개월이나 걸린 알렉산드리아 전쟁에서 카이사르군의 추격을 피해 도망가다 강물에 빠져 죽게 되었단다.

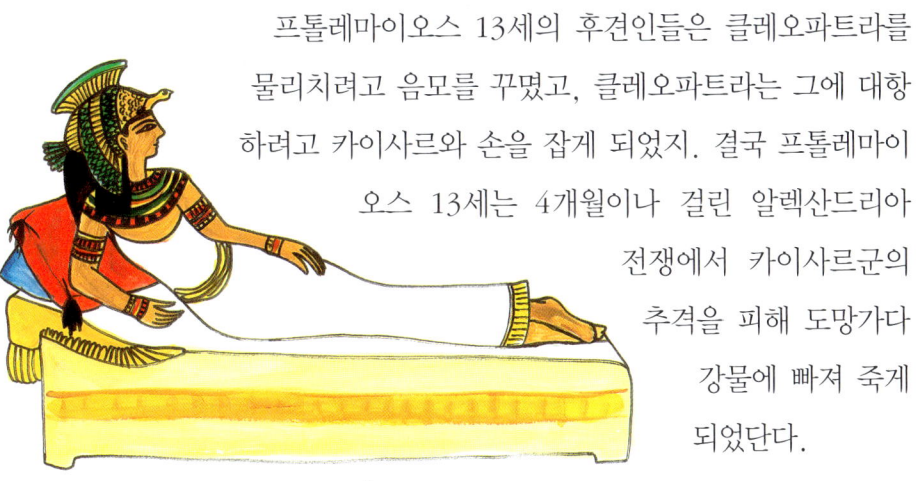

클레오파트라 여왕

🪰 선생님, 저에게도 기회를 주세요. 전 클레오파트라를 진짜 좋아해요. 제 이름을 클파리라고 할 걸 그랬나 봐요.

멤파리, 임파리, 클파리……. 또 누굴 좋아해서 어떻게 이름이 바뀔지! 선생님, 그래도 우리는 임파리, 클파리, 멤파리가 좋아요! 멤파리에게 설명을 들을래요.

🪰 정말 고마워, 얘들아! 너희가 나를 좋아하는 만큼 최선을 다해 설명해 줄게.

클레오파트라는 카이사르와 결혼해서 카이사리온이라는 이름의 아들까지 낳았어. 하지만 카이사르는 로마에서 브루투스에게 살해당하고 말았지. 그다음 나타난 남자가 바로 안토니우스야. 그는 이미 로마에 부인을 두고 있었지만 클레오파트라와 사랑에 빠져 아예 이집트에 머물게 되었단다.

그런데 안토니우스의 아내는 훗날 로마 제국의 초대 황제가 되는 옥타비아누스의 누이 옥타비아였어. 자신의 누이를 버린 안토니우스에게 화가 난 옥타비아누스는 기원전 31년 악티움 해전을 벌였어. 전쟁에서 진 안토니우스는 클레오파트라가 자살했다고 생각해서 스스로 목숨을 끊었는데 죽기 직전에

클레오파트라의 품에서 숨을 거둔 안토니우스

클레오파트라가 살아 있다는 것을 알았어. 결국 그의 소망에 따라 클레오파트라의 팔에 안겨 숨을 거두었단다. 클레오파트라도 독사를 풀어 스스로 목숨을 끊었지.

   옥타비아누스는 클레오파트라를 정중하게 대해 주었다고 해. 하지만 어떤 학자는 클레오파트라가 옥타비아누스를 꼬드겨 보려다, 옥타비아누스가 자신을 로마로 끌고 가 사람들 앞에서 망신 주려는 것을 알고 이집트의 여왕답게 스스로 목숨을 끊은 것이라고도 하지. 그때 그녀의 나이는 39살이었단다.

   여왕의 죽음과 함께 프톨레마이오스 왕조는 끝이 났고 고대 이집트의 역사도 끝이 났어. 인도로 떠났던 카이사리온 역시 곧바로 잡혀 살해당했고, 클레오파트라와 안토니우스 사이에서 태어난 아들도 살해당했지.

🧑 이렇게 클레오파트라의 시대는 끝이 났단다.
   알렉산드리아 도시가 바라보고 있는 지중해를 따라 난 길을 걸으면서 알렉산드로스 대왕과 카이사르, 클레오파트라의 모습을 찾아보려고 애썼어. 악티움 전쟁 때 옥타비아누스와 안토니우스가 병사들을 향해 외치는 소리와 병사들의 함성도 오래된 파도 소리에 묻혀 있을지 몰라 조심스럽게 귀를 기울였지. 어느새 내 귀엔 2천 년 전 장수들의 소리가 윙윙 들리는 것 같았단다.

기원전 332년경 이후

콥트교의 시대가 왔단다!

 자, 그 이후의 시대에 대해선 알렉산드리아 바람이 말해 주렴.

선생님, 이 순간을 정말 기다렸어요!
　애들아, 옥타비아누스가 이집트를 지배할 때 이집트의 종교는 그대로 두었단다. 그래서 프톨레마이오스 시대에 인기 있었던 이시스 신이나 세라피스 신앙도 쇠하지 않았어. 이집트는 로마에 지배당하면서 과거에 누렸던 활기와 평화를 되찾았단다.
　그런데 이때 예수 그리스도가 태어났어. 예수의 어린 시절 이름은 여호수아였는데 그것이 예수가 되었고, 지금은 예수 그리스도로 불리지. 갈리아 지방 베들레헴의 마구간에서 태어난 예수님은 어린 시절을 이집트에서 보냈어. 로마 시대 주거지였던 올드 카이로에 예수님의 가족이 한때 살았다는 장소가 남아 있단다.

🙂 끼어들어서 미안해. 내가 예수님이 살았던 동굴에 가 보았는데 지금은 교회가 세워져 있더라고. 교회 지하실이 그 옛날 예수님이 가족과 함께 피난해서 살았던 동굴이래. 안에 들어갈 수는 없지만 들여다볼 수 있었단다.

동굴을 보면서 나는 이런 생각을 했어. '예수님도 어렸을 때 힘들면 보통 아이들처럼 떼를 썼을까?', '저 동굴 속에서 얼마나 답답했을까?' 하고. 그렇지만 예수님은 보통 아이들보다 잘 참아 냈을 것이라는 생각이 들었어. 다시 알렉산드리아 바람이 말해 주렴.

🌬️ 얼마 지나지 않아 네로 황제는 기독교를 박해하기 시작했어. 하지만 이집트에서도 기독교는 마을 구석까지 깊숙이 전파되었기 때문에

기독교를 박해하는 네로 황제

완전히 뿌리 뽑지는 못했지.

기독교를 믿는 이집트 사람들을 콥트교인이라고 하는데, '콥트'란 원래 그리스 어로 이집트를 뜻하는 말이란다. 아무튼 이 시대는 고대 이집트 문화와 그리스, 로마 문화, 기독교의 영향을 받으면서 독특한 콥트 문화가 꽃피게 되었단다.

 설명을 멋지게 해 준 알렉산드리아 바람아, 고마워!

내가 메이둠과 사카라를 방문했을 때 나를 안내해 준 이집트 안내원 사미르가 콥트교를 믿는 사람이었어. 콥트교를 믿는 사람은 팔이나 손가락에 십자가로 표시를 하는데 그 친구의 손가락에도 십자가 표시가 있었지. 5년 전 이집트에 왔을 때 아스완의 파피루스 가게에서 만난 직원도 역시 팔목에 십자가가 새겨져 있었어.

이슬람교가 대부분인 이집트에서 콥트교인으로 살려면 손해 보는 일이 꽤 많나 봐. 소수의 콥트교인이 차별을 받는 것이지. 하지만 사미르는 여행 안내원이 된 것이 아주 행복한 모양인지 나와 다니는 동안 늘 행복한 웃음을 지었단다.

여행을 마치며

　🧑 애들아, 너희들은 이 여행을 통해 세계의 역사는 서로 유기적으로 연결되고, 각 나라에서 그 토양에 맞게 뿌리내려 꽃피웠다는 것을 알았을 거야.

　여행을 하는 동안 너희는 나와 함께 때론 모래바람을 맞고 때론 태양의 열기 때문에 숨을 헐떡이기도 했겠지. 하지만 힘든지도 모르고 열심히 귀를 기울인 너희 눈엔 마침내 단단한 생각의 알갱이들이 자리했더구나. 생각이 똘똘 뭉친 아주 멋진 눈빛이었어. 그런 눈빛에서 나오는 상상력으로 너희가 앞으로 일구어 갈 미래는 참으로 밝을 것이라는 확신이 선단다. 과거의 역사를 알아야 나를 바로 알 수 있고, 과거의 실패를 되풀이하지 않기 위해 최선을 다할 테니 말이야.

　어떤 친구는 이렇게 물을 거야. 5천 년의 찬란한 역사가 이어져 내려오는 이집트, 그것도 현대 문명으로도 상상할 수 없는 어마어마한 건축물을 세웠던 이집트가 왜 오늘날 세계의 중심이 되지 못했을까 하고 말이야. 나 역시 거기에 대해 많은 고민이 있었단다. '파라오의 나라 이집트' 라는 말을 생각해 보면 될 것 같아. 백성들의 나라가 아니라 파라오를 위한 나라였기에 이집트는 고대에 찬란한 문화를 갖고 있었어도 지금에 이르지 못한 것이지. 또 오랜 시간 파라오의 지배를 받으면서 백성들은 그것에 저항하기보다는 자신의 삶을 그저 체념하며 살지 않았나 싶어.

우리나라의 역사를 되짚어 보면 왕정 체제 속에서도 지배자들의 부패에 맞서 끊임없이 봉기가 일어났어. 고려 시대 망이·망소이의 난과 만적의 난, 조선 시대에 들어 홍경래의 난, 진주에서 일어난 민란과 동학 농민 운동, 그 이후 4·19혁명 등 부패한 세력에 대해 우리 백성들은 끊임없이 들고 일어섰단다. 실패로 끝난 것도 있지만 그 많은 난들을 통해 지배자들은 혼뜨검이 나 백성들을 무시할 수 없게 되었지.

프랑스 역시 1789년에 일어난 프랑스 혁명으로 왕정 체제가 무너지고 계속해서 7월 혁명과 2월 혁명으로 이어졌어. 프랑스 사람들은 아직도 혁명은 끝나지 않았다고 생각한단다.

역사에는 가설이 없다고 하지만 이집트에도 이렇게 일반 백성들이 지배자의 부패에 맞섰다면 이집트의 현재는 달라지지 않았을까 해.

물론 이집트와 우리나라, 프랑스는 상황이 다르지만 과거에서 지금에 이르기까지 깨어 있는 정신을 가진 백성들이 있어야 나라가 건강하게 지탱할 수 있는 것 같아. 그런 의미에서 너희들이 이 나라를 이끌어 갈 건강한 시민이 되어야 함을 잊지 말기를.

하나 더 당부한다면 알렉산드로스 대왕이 지향한 세계 동포주의를 마음에 새기기를 원해. 세계는 하나라는 생각을 품으면 다른 나라 사람들도 따뜻한 가슴으로 받아들일 수 있을 거야.

내 말이 너무 길었지? 설명을 해 준 쇠똥구리, 고양이, 개, 구름, 멤파리, 초록 파리, 비둘기 등 모든 친구들에게 고마운 마음을 전하고 싶구나. 무엇보다 두 눈을 초롱초롱 빛내며 이야기를 들어 준 너희가 가장 고마웠어! 참, 멤파리와 쇠똥구리는 다시 카이로와 멤피스로 돌아갈 거니?

걱정하지 마세요. 한동안 이곳 알렉산드리아에서 지중해의 바람을 맞으며 살고 싶어요. 혹시 선생님이 이곳에 다시 오면 그때 선생님 머리에 앉아 멤피스로 갈게요. 이집트는 어디라도 제 고향이니까요.

제 걱정도 하지 마세요. 저는 도서관에서 지식을 더 쌓고 있을 거예요.

선생님, 멤파리와 쇠똥구리를 데리고 한국으로 갈까요?

고맙지만 사양할게. 우린 이곳에서 다른 나라의 아이들이 찾아오면 너희에게 했던 것처럼 설명을 해 주고 싶어. 그것이 우리의 가장 큰 즐거움이니까.

역시 멋진 멤파리와 쇠똥구리구나! 그리고 나와 함께한 너희 모두 멋진 아이들이야! 너희의 지식이, 세계를 품는 마음이 성큼 자란 것을 느낄 수 있단다! 함께한 친구들, 안녕!

알아 두면 도움이 되는 것들!

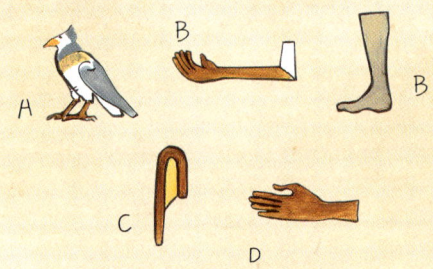

히에로글리프 고대 이집트 사람들의 상형 문자를 말한단다. 가장 오래된 것은 나르메르 팔레트에 새겨진 왕의 이름으로, 프랑스의 이집트 어학자 장 프랑수아 샹폴리옹이 1822년 처음 해독을 했지.

히에로글리프는 주로 왕이 한 일이나 신, 또는 죽은 후 세계에 관한 글을 신전이나 무덤 벽, 오벨리스크, 기둥에 조각하는 데 사용했단다. 색을 칠해서 글씨인데도 불구하고 멋진 그림을 보는 것 같아.

고대 이집트에서는 세 종류의 문자를 사용했는데 히에로글리프라고 불리는 '신성 문자'와 주로 파피루스에 쓴 '사제 문자', '민중 문자' 이렇게 세 종류야.

히에로글리프는 대개 오른쪽에서부터 왼쪽 방향으로 읽고 가로쓰기를 한단다. 물론 왼쪽에서부터 읽기도 하고 세로쓰기도 가능하지. 왕의 이름은 '카르투슈'라 부르는 타원형의 테두리 장식 속에 써 놓았어.

파라오 이집트의 왕은 '파라오'라고 불러. 왕은 신의 자식으로 보통 사람과는 다르게 생각했어. 살아 있을 때는 호루스 신이라고 생각했고, 죽어서는 오시리스 신이 된다고 생각했지. 파라오의 어원은 고대 이집트어인 '페르 아아'인데 페르는 집, 아아는 크다라는 뜻이야. 즉 '큰 집(궁전)'이라는 뜻이란다.

우레우스 '성스러운 독사'라는 뜻으로 파라오의 왕관 위에 붙어 있어. 우레우스는 제3의 눈이라고 해서 왕의 적을 무찌르고 어둠을 흩어지게 하는 역할을 하지.

카와 바 고대 이집트 사람들은 인간이 세 부분으로 되어 있다고 생각했어. 하나는 육체, 나머지 둘은 '카'와 '바'라고 하는 영혼이야. 카는 인격을 가진 영혼, 바는 근원적인 생명의 기운이라고 할 수 있어. 그중 바는 새의 모습에 사람의 얼굴을 한 것으로 나타냈단다.

사람이 죽으면 늘 함께 있던 카와 바가 떠난다고 생각했어. 바는 저세

상으로 가고, 카는 머물 곳이 없기 때문에 나와 똑같이 생긴 자신을 만들어야 한다고 믿었지. 그것이 바로 미라와 돌 조각상이란다. 즉 육체를 대신할 제2의 육체가 생기는 것이지.

마스타바 직사각형 모양의 무덤 형식을 말해. 마스타바는 아랍 어로 '긴 의자'라는 뜻이지. 주로 귀족들의 무덤을 가리키는데 파라오의 무덤 옆에 있단다.

파피루스는 어떻게 만들어졌을까?

파피루스는 나일 강가에서 자라는 식물이야. 이것을 원료로 종이를 만들었지. 껍질을 벗겨 내고 속을 가늘게 찢은 뒤 엮어서 말렸어. 파피루스란 말은 고대 이집트 어 '파 페르 아'로부터 왔는데 '파라오'란 뜻이야. 파피루스는 왕실 사람만 쓸 수 있는 귀중품이었다는 것을 알 수 있지. 영어로 종이를 뜻하는 '페이퍼'도 파피루스에서 나온 말이란다.

미라는 어떻게 영원한 삶을 얻을 수 있었을까?

고왕국 시대에는 왕과 그 가족만 미라가 될 수 있었어. 하지만 신왕국 시대가 되면서 귀족이나 일반 서민들까지 죽어서도 영원히 살고 싶은 마음에 미라가 되기를 원했지. 그래서 엄청난 미라가 만들어지게 되었어. 어떤 학자에 따르면 이집트 전체에서 약 천만 구의 미라가 만들어졌다고 해. 미라를 전문으로 만드는 '미라사'라는 직업이 생길 정도였대. 누구든 미라사에게 돈을 주면 미라를 만들 수 있었지. 그런데 돈을 얼만큼 주느냐에 따라 미라 만드는 기간과 치장이 달라졌대. 최고급 미라는 어떻게 만들어졌는지 알아볼까?

 죽은 사람을 깨끗이 씻은 뒤, 끝이 구부러진 가늘고 긴 금속 막대를 콧구멍에 넣어 뇌를 꺼내. 내장은 예리한 돌칼로 왼쪽 옆구리를 10센티미터 정도 자른 후에 꺼내지. 배 속이 썩지 않도록 천연 탄산나트륨을 넣어 방부 처리한 뒤 원래대로 봉합한단다. 그리고 탄산나트륨으로 70일 동안 온몸을 덮은 뒤 몸에 향기로운 기름을 바르고, 아마포 천으로 친친 감아. 꺼낸 내장 중 간, 폐, 위, 창자 네 가지는 '카노푸스'라고 불리는 항아리에 따로따로 넣어 보관했어. 미라가 다 만들어지면 이 네 개의 카노푸스를 함께 넣어 매장했지. 그런데 심장만은 언제나 원래 있던 위치에 두어야 한다. 죽은 사람이 저승으로 떠나 내세에서 영원한 생명을 얻을 수 있을지 심판 받을 때 저울에 올리는 것이 심장이기 때문이야.

 미라가 완성되고, 미라와 부장품이 함께 무덤에 도착하면 가장 중요한 순서인 '개구 의식'이 행해져. 이 의식을 통해서 죽은 사람이 다시 영원히 살 수 있다고 믿었거든.

 드디어 죽은 사람이 여행길을 떠나 저승 입구에 도착했어. 거기에는 죽은 자의 나라를 다스리는 오시리스 신이 42명의 신을 거느리고 앉아

뇌를 꺼내는 모습

카노푸스 단지

탄산나트륨이 가득 찬 욕조에
보관하는 모습

있는데 죽은 사람은 자신은 죄가 없다고 고백을 하는 '부정 고백'을 해야 해.

자, 이제 심판이야! 오시리스 신 앞에 저울이 하나 있어. 한쪽엔 죽은 사람의 심장이, 또 한쪽에는 마트 여신의 깃털이 있단다. 만일 심장 쪽이 무겁다면 죄를 많이 지었다는 증거라 그 순간, 악어의 머리에 하마의 몸, 사자의 엉덩이를 한 괴물에게 잡아먹히고 말지. 하지만 저울이 수평을 유지하거나 깃털 쪽으로 기울면 죄가 없다는 뜻으로 오시리스 신을 비롯한 신들이 무죄라고 선포하면서 영원한 생명을 얻게 된단다. 그래서 미라를 열심히 만들어도 심장을 남겨 놓지 않으면 소용이 없는 거야.

오벨리스크란 무엇일까?

이집트 사람들은 태양 숭배 사상을 나타내기 위해 신전 앞에 오벨리스크를 2개씩 세웠단다. 뾰족한 끝 부분을 '피라미디온'이라고 하는데 금으로 덮여 있지. 피라미디온은 이 세상이 시작되던 옛날, 물에서 솟아올라 땅 위에 나타났던 태양을 상징한단다. 혹은 물 위에 나타난 첫 땅을 의미하기도 하지.

이집트 박물관, 어떻게 보면 효과적일까?

이집트 박물관은 이집트의 역사를 사랑하는 사람이라면 꼭 둘러봐야 하는 곳이란다. 나는 그곳을 세 번 방문했는데 처음에는 투탕카멘의 유물만 보고 왔고, 두 번째에는 박물관 책을 미리 읽고 나름 계획표를 짜서 5시간 넘게 봤단

이집트 박물관에서

다. 헝클어져 있던 머릿속이 조금 정리가 된 것 같았는데 일주일 후, 다시 가 보니 역시나 유물들이 선명하게 들어오더구나. 시간을 내서 몇 번 더 가면 유물들과 말도 주고받을 수 있을 텐데 하는 아쉬움이 남았지.

이집트 박물관은 1858년 프랑스의 고고학자 오귀스트 마리에트에 의해 카이로 교외의 불라크에 처음 세워졌어. 분홍빛의 외관은 그레코로만 건

축 형식으로 단아하면서도 우아하단다. 당시 이집트의 유물들이 다른 나라로 가는 것을 막기 위해 세운 것인데 1878년 불라크에 큰 홍수가 덮치는 바람에 1902년 장소를 옮겨 지금의 위치에 있게 되었지.

 카이로의 중심지인 타흐리르 광장 북쪽에 있는 이 박물관에는 10만여 종이 넘는 유물들이 전시되어 있단다. 이보다 더 많은 양의 유물들이 전시될 자리를 찾지 못해 기자 지역에 짓는 '대이집트 박물관'으로 옮겨질 예정이란다.

 박물관 입구에는 상 이집트를 상징하는 연꽃과 하 이집트를 상징하는 파피루스가 심어져 있어. 거기서 왼쪽으로 가면 마리에트 동상이 있지. 밖에서 기념 촬영을 한 후 카메라는 보관소에 맡겨야 해. 카메라는 박물관 안으로 가져갈 수 없으니까. 5년 전에 방문했을 때는 사진을 찍을 수 있었는데 그동안 규칙이 까다로워졌더라고.

 박물관을 효과적으로 보려면 먼저 박물관 입구 근처에 있는 가장 오래된 시기의 작품을 둘러보고, 1층의 방들을 시계 방향으로 돌며 살펴보는 것이 좋아. 그러고 나서 출발점으로 돌아온 뒤 남동쪽 층계를 올라(그곳에 화장실이 있단다!) 투탕카멘의 무덤에서 나온 것들을 보고, 마지막으로 중앙 홀에 있는

오귀스트 마리에트 동상

것들을 감상하며 나오면 된단다. 투탕카멘의 무덤에서 나온 것들을 보면 아마 두 눈이 휘둥그레질 거야.

박물관에 들어가자마자 있는 왼편 서점에서 산 얇은 책 《이집트 박물관》이 아주 효과적이었단다. 그 책은 박물관의 핵심만 뽑았는데 유물 사진을 실어 주고 어렵지 않은 영어로 유물에 대해 소개하고 있어. 그 유물들을 내가 말한 순서대로 찾아다니면 아주 효과적이겠지?

내가 아래에 써 놓은 것들은 아무리 바빠도 꼭 보기를. 이 책에 나오는 것들이 많으니까 볼 때 지적인 기쁨을 느낄 수 있을 거란다.

〈놓치지 말고 봐야 할 유물들〉

- 나르메르 팔레트
- 조세르 왕의 상
- 스네프루 왕의 상
- 메이둠의 거위
- 헤테페레스 여왕의 의자와 그릇들
- 쿠푸 왕의 상
- 카프레 왕의 상
- 멘카우레 왕의 상
- 라호테프와 네페르트의 상
- 난쟁이 세네브와 그의 가족상
- 서기의 상

- 타니스의 스핑크스
- 메케트레의 무덤에서 나온 것들
- 하트셉수트 여왕의 얼굴
- 센무트의 상
- 투트모세 3세의 상
- 이시스 신의 상
- 네페르티티의 얼굴
- 아크나톤 왕의 얼굴
- 투탕카멘 왕의 무덤에서 나온 것을 전시한 방
- 람세스 2세의 상
- 오시리스의 상

찾아보기

네페르트 52, 53, 194
네페르티티 85, 87, 107, 112, 113, 114, 117, 194
네프티스 23
누비아 104, 118, 143, 146, 147, 150
누비아 박물관 146, 147
누트 21, 22, 23, 24
눈 20
니네체르 16, 27, 44

ㄱ

개구 의식 101, 189
개선문 138, 140, 141
게브 21, 22, 23
계단식 피라미드 36, 38, 39, 40, 41, 43
굴절 피라미드 36, 45, 46, 48, 49
기독교 181, 182
기자 53, 55, 71, 86, 87, 93, 193

ㄴ

나르메르 16, 26, 27, 28, 29, 30, 31, 186, 194
나르메르 팔레트 27, 29, 30, 186, 194
나세르 호수 149, 151, 153, 159
나일 강 10, 11, 14, 18, 19, 21, 26, 38, 58, 61, 74, 88, 96, 136, 147, 152, 188
《나일 강 살인 사건》147
나폴레옹 76, 83, 90, 103, 104, 140
네로 황제 181
네페르타리 102, 103, 120, 121, 153, 156, 157, 158, 159
네페르타리 소신전 121, 156, 159

ㄷ

다리우스 3세 170
대다주실 130, 131
대이집트 박물관 33, 193
대추야자 33, 38

ㄹ

라 호라크티 151, 152, 156
라호테프 52, 53, 194
람세스 2세 10, 17, 32, 33, 34, 82, 83, 88, 102, 108, 120, 121, 122, 123, 124, 125, 128, 130, 137, 139, 140, 141, 147, 149, 150, 151, 152, 153, 154, 155, 156, 157, 158, 167, 194
룩소르 88, 108, 120, 121, 124, 125, 126, 128, 136, 137, 138, 139, 140, 141, 162
룩소르 신전 88, 108, 120, 121, 124, 125, 128, 136, 137, 138, 139, 140, 141

ㅁ

마네토 142
마스타바 55, 56

마케도니아 17, 167, 171
마트 25, 190
매장실 50, 71
메르네프타 17, 82, 83, 141, 142
메이둠 36, 46, 47, 48, 49, 50, 51, 52, 182, 194
메이둠의 거위 50, 52, 194
메이둠의 피라미드 47, 48, 49, 50, 52
멘카우레 16, 65, 66, 70, 71, 194
멤논의 거상 84, 106, 107, 108, 125
멤피스 10, 19, 29, 31, 32, 33, 34, 38, 81, 171, 185
모래바람 12, 43, 59, 66, 115, 183
미라 11, 24, 43, 67, 81, 82, 83, 88, 101, 116, 142, 168, 188, 189, 190
미라사 189
미완성 오벨리스크 145

ㅂ
바 40, 187
바분 101
백향목 63, 65

벨조니 69, 70, 150
불라크 192, 193
붉은 피라미드 36, 49
브루투스 178

ㅅ
사막 19, 24, 75, 96, 148, 165, 167
사카라 35, 38, 39, 43, 45, 49, 182
상형 문자 11, 29, 31, 50, 165, 186
석상 40, 42, 43, 53, 106, 109, 110, 130, 152, 153, 154, 157
석회암 34, 53, 57
성소 136, 140, 164, 166
세드 축제 27, 40, 43, 44, 45
세르답 40, 42
세케넨라 2세 16, 79, 81, 82, 83
세트 22, 23, 24
세티 1세 17, 88, 97, 99, 100, 122, 123
센무트 90, 91, 194
수레국화 118, 119
슈 21, 22
스네프루 16, 36, 45, 48, 50, 55, 194
스카라베 10, 31, 134, 135
스핑크스 10, 32, 33, 36, 37, 66, 67, 68, 71, 72, 73, 74, 75, 76, 77, 87, 128, 129, 136, 137, 194
스핑크스 참배길 128
신성 호수 132, 133, 134, 135

ㅇ
아르키메데스 173

아리스토텔레스 169

아마르나 예술 113

아멘호테프 3세 17, 84, 106, 107, 108, 112, 130, 139

아멘호테프 4세 107, 111, 112

아몬 18, 25, 88, 93, 95, 107, 112, 116, 128, 134, 136, 137, 139, 151, 156, 171

아부심벨 9, 15, 120, 121, 123, 124, 147, 148, 149, 150, 151, 152, 153, 155, 159

아스완 15, 19, 60, 94, 141, 144, 145, 146, 147, 150, 182

아스완 하이 댐 150

아에시 115, 168

아크나톤 17, 84, 85, 107, 111, 112, 113, 114, 117, 194

악티움 해전 176, 178

안토니우스 176, 178, 179

알라바스터 67

알렉산드로스 대왕 17, 105, 139, 160, 166, 167, 169, 170, 171, 179, 184

알렉산드리아 도서관 15, 160, 172, 174, 175

암굴 묘 88

애거사 크리스티 147

에드푸 신전 160, 161, 162, 163, 164, 166

에라토스테네스 173

에사르하돈 143

엘레판티네 146

여왕들의 계곡 102, 103, 158

연꽃 68, 130, 154, 193

예수 그리스도 161, 180

오귀스트 마리에트 164, 192, 193

《오디세이아》 110, 169

오벨리스크 61, 84, 94, 129, 132, 133, 134, 138, 139, 145, 146, 164, 186, 191

오시리스 22, 23, 24, 25, 95, 101, 122, 163, 187, 189, 190, 194

오페트 축제 136, 137, 139

옥타비아누스 178, 179, 180

올드 카이로 14, 180

올드 카타락 호텔 146, 147

왕들의 계곡 95, 96, 97, 98, 99, 102, 103, 118, 122, 126, 140, 150, 158

우레우스 152, 187

원숭이 154, 156

유네스코 128, 174

유클리드 173, 174

이슬람교 13, 47, 140, 182

이시스 23, 163, 180, 194

인도 167, 171, 179

《일리아스》 126, 169

임호텝 40, 41, 42, 108, 111

ㅈ

장례 신전 90, 91, 92, 93, 94, 95, 98, 106, 107
조각상 45, 52, 59, 60, 67, 68, 113, 114, 188
조세르 16, 36, 39, 40, 41, 42, 43, 45, 194
중간기 16, 17, 78, 80, 87, 142
지성소 95, 152, 156
지중해 168, 169, 174, 179, 185
《직지심체요절》 138

ㅊ

참배길 51, 128
《70인역성서》 173

ㅋ

카 40, 187
카노푸스 189, 190
카데슈 전투 120, 124, 125, 137, 151, 152, 154
카르나크 신전 10, 15, 88, 105, 108, 112, 120, 123, 124, 125, 126, 127, 128, 130, 131, 133, 135, 136, 142, 163
카이로 11, 14, 15, 19, 33, 38, 47, 89, 167, 180, 185, 192, 193
카이사르 174, 176, 177, 178, 179
카이사리온 178, 179
카프레 16, 37, 54, 65, 66, 67, 68, 69, 70, 71, 73, 194
칸다하르 171
콥트교 140, 180, 182
콰이트 베이 성채 160, 172
쿠푸 16, 36, 37, 49, 50, 54, 56, 57, 58, 59, 61, 60, 63, 64, 65, 66, 69, 71, 77, 108, 194
쿠푸의 피라미드 54, 59
클레오파트라 10, 17, 160, 161, 175, 176, 177, 178, 179

ㅌ

탄산나트륨 168, 189, 190
탑문 108, 126, 129, 132, 136, 137, 139, 141, 154, 164
태양신 21, 22, 24, 25, 55, 64, 74, 75, 133, 154, 156
태양의 배 36, 63, 64
테베 25, 87, 92, 102, 104, 107, 109, 112, 125, 126, 128, 143, 151, 158, 170
투탕카멘 10, 15, 17, 84, 85, 87, 96, 97, 100, 101, 115, 116, 117, 118, 119, 126, 139, 192, 193, 194
투트모세 2세 16, 89, 90
투트모세 3세 17, 90, 103, 104, 105, 122, 132, 140, 149

ㅍ

파라오 11, 34, 50, 62, 68, 74, 76, 81, 82, 83, 87, 89, 96, 97, 105, 107, 116, 183, 184, 187, 188

파로스 등대 172, 173

파스칼 176

파피루스 68, 124, 154, 173, 182, 187, 188, 193

페르시아 17, 129, 143, 160, 167, 170

펠루카 60, 145, 147

프타 156

프톨레마이오스 12세 177

프톨레마이오스 1세 17, 160, 171, 173, 175

필리포스 2세 167

ㅎ

하드리아누스 109

하워드 카터 97, 117, 118, 119

하토르 94, 100, 157, 165

하트셉수트 17, 82, 84, 87, 89, 90, 91, 92, 93, 94, 95, 104, 106, 128, 132, 134, 194

헤로도토스 18, 57

헤테페레스 55, 56, 194

헬리오폴리스 21, 151

호루스 23, 30, 55, 68, 74, 162, 163, 164, 165, 166, 187

호메로스 110, 126, 169

화강암 57, 60, 62, 67, 76, 94, 130, 145, 146

히에로글리프 11, 50, 118, 154, 186, 187

힉소스 16, 78, 80, 81, 87

참고 문헌

- 고고학자와 함께하는 이집트 역사 기행(서해문집)
- 시공 디스커버리 총서002 잊혀진 이집트를 찾아서(시공사)
- 시공 디스커버리 총서050 클레오파트라(시공사)
- 시공 디스커버리 총서094 람세스 2세(시공사)
- 이집트의 예술(민음사)
- 이집트의 유혹(기파랑)
- 크리스티앙 자크와 함께하는 이집트 여행(문학세계사)